超级公司

AI时代的公司变革

徐茂栋

XCITY ARGENTINA INC

超级公司：AI时代的公司变革

徐茂栋 著

October 12, 2025

Print ISBN: 978-1-970336-02-3

First edition, 2025

Printed in the United States of America

作者介绍

徐茂栋是著名的连续创业者，投资人。

他先后创立星河互联、窝窝团、百分通联、微网、分众无线等成功企业，还投资了中文在线、艾格拉斯、运去哪、小派科技等独角兽或已上市企业。

他首次提出了生活服务电商，窝窝团融资超过一亿美元，并带领窝窝团IPO。

他还首次提出产业互联网，星河互联估值超过20亿美元，推动互联网与传统产业的融合，并打造"星河系"，旗下控股参股多家上市公司。他首次提出产业AI，并成为先行者。他还是十多项专利的发明人。

2016年，他排名福布斯中国富豪榜348位，2017年，他与马云一起获得中国十大新闻人物。

徐茂栋毕业于武汉理工科技大学，曾就读于清华大学EMBA和DBA。

徐茂栋的经历：

- 1968年出生于山东日照一个小渔村
- 1986-1990年就读武汉理工科技大学
- 1994年，在家乡山东日照创办齐鲁超市，很快发展成为山东省最大的连锁超市之一。
- 1998年，在北京创办DotAd，成为中国最大的短信应用公司和领先的2G企业，并于2006年以3000万美元出售给分众传媒，后更名为Focus Wireless。
- 2008年，创办Lmobile，发展成为中国最大的手机彩信广告平台和领先的2.5G企业，后获软银亚洲投资基金（SAIF）和清科创投的投资，并于2010年以1.59亿美元出售给澳洲电信（Telstra）。
- 2010年，创办Welink，成为中国领先的移动营销平台和3G应用企业，并于2015年以1.1亿美元出售给中科招商。
- 2010年，创办窝窝网，先后获得鼎晖投资、清科创投及紫荆资本1亿美元投资，发展成为中国领先的生活服务类电商平台，并于2015年成功在纳斯达克上市，市值达10亿美元。
- 2015年，创办星河互联集团，曾是中国领先的产业互联网集团，估值达20亿美元。
- 2016年，打造产业互联网星河系，旗下控股参股多家上市公司。排名福布斯中国富豪榜348位。
- 2017年，与马云一起成为中国十大新闻人物。
- 2018年，定居美国。

序言

世事难料，没想到在东半球辉煌过的我，如今在西半球从头再来。有多少个深夜，我曾独自凝视着屏幕，周围是沉寂的办公室和微弱的灯光。疲惫悄然袭来，内心的信念却一次次将我从放弃的边缘拉回。创业路上的孤独与坚持，对我而言早已成为常态。而我知道，这样孤独坚守的身影并不只有我一个。许多人也在漫漫长夜中默默守望着心中的梦想，相信黎明终将到来。

世事更难料，AI技术的发展速度和革命性超出了几乎所有人的想象，又赋予了我新的使命。

也许此刻的你，正是一位在AI时代的浪潮中摸索前行的创业者。也许你是一名管理者，带领团队在技术革命中艰难求变。也许你是一位职场白领，亲历着公司因AI而发生的蜕变。又或许你是一名学生，怀抱着对科技与未来的无限憧憬。无论你是谁，这个时代都将我们推向前所未有的变革与挑战，需要我们携手去面对。

人工智能技术的飞速发展，正迫使许多组织进行前所未有的重构与变革。曾经稳如磐石的商业模式，也不得不在时代洪流中调整方向。这样的转型并非易事，它往往伴随着阵痛和迷茫。管理者需要拿出凤凰涅槃般的勇气，每一位成员也需付出不断学习与成长的努力。

无论技术如何突飞猛进，人性的温度始终不可或缺。我们谈论AI，会谈论技术、效率与变革，但不能忘记：在那些冰冷的代码和算法背后，跳动着人的初心与情感。正是人类的创造力、同理心与善良，赋予了冰冷机器以温度和意义。也唯有如此，技术才能真正服务于更美好的生活。

AI为商业带来了前所未有的繁荣与增长，但时代赋予企业的责任与使命远不止于此。与此同时，AI的浪潮也在拷问每一家公司的初心：技术所造福的，究竟只是利润表上的数字，还是整个社会的福祉？在逐利之外，企业更需坚守道义与良知，在追逐成功时不忘回馈社会，勇于承担这份责任与使命。

我们有幸见证并参与互联网和AI两场技术革命的浪潮，这是历史给予我们的机遇，也是时代对我们的考验。如今，我们站在科技与商业交汇的十字路口，亲眼目睹着AI如何重塑这个世界。然而，AI并不是终点，而是更大未来的开始。这场革命的序幕才刚刚拉开，更宏伟的图景仍在前方等待我们去描绘。只要我们怀揣信念，坚持向前，拥抱变化，不断创新，就一定能够在未来的篇章中留下属于我们这一代人的足迹与荣光。

感谢你翻开这本书，愿意聆听我的心声。我将这些年所见所闻、所思所感汇聚成眼前这本《超级公司：AI时代的公司变革》。我写这本书，不只是为了记录技术与商业的变革，更是希望能与你分享一路走来的感悟与力量。

我希望它能成为你在这滚滚变革洪流中的一束微光。哪怕在你感到最孤独无助的时刻，它也能够为你带来力量与温暖，让你相信前路有光，未来可期。让我们一起，扬帆起航，驶向更广阔的未来。

目录

引言

公司是人类最伟大的发明之一。这种高效的组织形式正在AI时代迎来重构。未来，借助AI赋能，企业组织将发生巨变：小规模的精英团队+AI即可高效生产和服务，每名员工创造的价值远超以往，"雇员数量论英雄"的时代将被打破。正如OpenAI首席执行官Sam Altman所预测，我们或许很快会看到仅有约十名员工却能实现十亿美元营收的公司出现。这样的"超级公司"通过人机协作实现1+1>2的效果，小团队也能完成过去只有大型组织才能达成的业绩。

未来的公司也将超越国界和主权。团队和部门分布于全球各地，深入当地社区，为本地客户提供贴身定制的服务；企业不再局限于某一国别身份，而是成为跨国融合的有机体。在运营方式上，企业将深度拥抱数字化与AI：大量业务（如电商运营、社交媒体营销、线上客服等）主要由AI完成，员工更多地与AI协同以实现目标。简言之，AI时代的企业既是数字驱动的，也是全球分布的。

与此同时，全球化的浪潮正经历前所未有的重塑。近年出现的贸易保护、供应链收缩、地缘冲突等现象，让一些人误以为全球化在倒退，"去全球化"的杂音不绝于耳。但事实并非如此——全球经济联系并未中断，而是进入了重组升级的全球化2.0时代。新的规则和格局正在形成，各国企业都面临着挑战与机遇。在这一变局中，具有全球视野的管理者可以把握契机，重塑企业，在未来20年的商业版图中占据一席之地。

本书围绕十个关键主题，对上述背景进行系统性分析和重构。十个主题包括：全球化2.0时代的趋势、企业家角色转型、打造全球企业的策略、AI时代的企业重构、新商业模式的兴起、数字时代品牌的全球拓展、利用全球资本的平台、生产布局的新变化、全球化路径的历史借鉴，以及未来20年的展望。我们将以专业但通俗的语言，结合丰富的案例，为读者呈现一幅全球企业在AI时代勇立潮头的全景图。下面，将逐章展开分析每一主题，并为企业管理者提供可资借鉴的洞见和策略。

1

第一章 AI时代的公司重构

"在未来，会有只有十个人的公司，却能做到十亿美元收入的规模。"

— 萨姆·阿尔特曼（SAM ALTMAN）

引言：小团队的大时代

清晨的阳光透过落地窗，洒在一间不足十人的初创公司办公室里。创始人打开笔记本，AI驱动的仪表盘上显示着全球各地实时滚动的订单和用户反馈——欧洲的客户刚刚下了一笔新订单，美国的AI客服机器人彻夜解决了几十个技术咨询，而亚洲的营销活动也在AI算法的优化下精确触达潜在用户。一旁的智能语音助理用温和的语调报告："昨夜营收再创新高，已达到百万美元规模。"这一幕放在过去几乎难以想象：区区几名员工的小公司，竟能在全球市场翻云覆雨般地运作。这正是AI赋能下"超级公司"崛起的生动缩影。

公司是人类最伟大的发明之一，而在AI时代，公司的样貌正被重新塑造。OpenAI首席执行官Sam Altman就大胆预测过："我们很快会看到只有十来个员工的公司却能达到十亿美元估值"。甚至在他的朋友圈中，还有人打赌第一家"一人规模、十亿市值"的公司何时出现。听起来耸人听闻？其实不然。回顾不久前的先例，WhatsApp在被Facebook以190亿美元收购时只有55名员工，人均创造价值高达3.45亿美元；Instagram创立不到两年便以10多人团队获得10亿美元收购要约。而这些仅仅是序曲。进入生成式AI蓬勃发展的2020年代，我们正站在新时代门口：小团队+AI，即可创造过去大型组织才能实现的业绩。AI正充当"能力放大器"，将每个人的力量乘以指数级倍增。可以说，一场关于"超级个体"和"超级公司"的商业革命正在上演。

本章我们将围绕这一革命性的趋势展开，探索AI如何赋能小微企业成为"超级公司"，如何让小而精的团队参与全球分工并纵横国际市场，以及这一切对组织结构、人才架构、业务边界和管理模式的深远影响。我们将穿插具体公司案例，引用前沿研究与权威观点，为管理者提供可资借鉴的战略洞见。在生动的故事与深入的分析中，展望未来商业版图、产业链组织和价值创造逻辑的演进方向。让我们一起开启这场思维之旅。

AI赋能"超级个体"：小团队的巨大生产力飞跃

在传统观念中，企业的规模和人力往往与产出成正比，"人多力量大"似乎是天经地义的商业法则。但AI时代正在改写这一定律：人机协作创造出I+I>2的效应，小团队也能实现过去只有庞大组织才能达到的产出。这种由AI驱动的生产力飞跃，正让"小公司"拥有"超级公司的能力"。

～

◆ 人均产值的新纪录

AI的加入使得每位员工的"分身"遍布各处、全天在线。一个软件工程师在AI助手（如GitHub Copilot、ChatGPT）的协助下可以用更短时间编写和调试出过去需十倍人力才能完成的代码；一个市场专员借助AI数据分析工具，能够同时规划数十个精细化营销活动，而无须成百上千人的市场团队。权威商业媒体统计了一组令人瞩目的数据：AI公司的人均产出正在创历史新高。例如，AI绘画工具Midjourney仅有大约40名员工，却在2022年创造了1.92亿美元收入——平均每名员工贡献480万美元营收！相比之下，传统软件企业的人均产出往往不到几十万美元。这并非特例，据统计OpenAI的人均营收也已超过280万美元，Anthropic等AI公司的效率指标同样惊人。正如商业分析媒体FourWeekMBA指出的，这些数字"不再是异类，而代表了AI公司重新想象商业模式后的新常态"。当人均产值动辄百万美元计，我们正见证生产力的新纪元。

这样的高效能来自何处？简而言之，AI成了终极"合伙人"。AI可以24小时不间断工作，不需要薪水和休假，还能以毫秒级速度处理信息。它可以是程序员的自动化编码助手、销售员的智能线索挖掘师、客服人员的不知疲倦的聊天机器人，甚至管理者的决策参谋。Altman形象地描述过未来的创业图景："你会有AI帮你完成今天难以想象的大部分工作"。在这样的公司里，人类员工专注于最高层次的创造性和战略性任务，而AI承担了大量繁琐却必要的运营工作。例如，一家创业公司可以用AI客服回答90%以上常见客户提问，让极少数人力客服聚焦解决高难度问题；又如财务部门部署AI工具自动生成报表、监测异常，使财务人员将更多精力投入业务分析和决策支持。通过AI赋能，每一位员工都如同拥有了成百上千的数字劳动力在背后支持，自然能够创造出远超个人极限的价值。

～

◆ 案例：个人创意工作室的华丽升级

让我们走进一个具体场景：一位自由设计师莉娜曾经为一家广告公司工作，她的团队有十多名设计师共同脑暴、绘制广告素材。而如今，莉娜成立了属于自己的工作室，借助AI工具，她独自就能完成过去整个团队才能交付的项目。她使用Midjourney等生成式AI来创作视觉方案，一个下午就能产出上百张风格各异的海报初稿；然后利用AI文案助手撰写广告标语和文案，实现创意与文字的完美结合。曾经需要开无数次会议讨论的创意概念，现在通过与AI的对话碰撞，灵感火花不断迸发。面对客户修修改改的反馈意见，莉娜也不再手忙脚乱——AI助手自动整理出反馈要点并给出多种优化建议，她只需从中择优调整即可。结果是，她一个人撑起了全套广告创意服务，而且质量和速度都令客户惊叹。正如有研究者所指出的："AI让创意工作实现了无限规模化，一个设计师加AI可以取代整个创意部门"。莉娜的故事证明，在AI时代，每一个平凡的个体都蕴藏成为"超级个体"的潜能，只要善用工具，就能释放出非凡的生产力。

◆ 管理洞见：做"小而强"，而非"大而慢"

对于企业管理者而言，这一趋势带来的启示是深刻的。首先，在组织规模上不必一味追求"大而全"，相反应打造"人才密度高"的精干团队。正如Altman所言，"我始终押注于小而专注、人才密度极高的团队"。与其雇佣一大批平庸的员工，不如精挑细选少数拥抱AI、善于学习的明星人才，再为他们配备强力的AI助手。其次，要重塑工作流程，将AI深度嵌入业务链条。凡是重复性、高耗时的任务，都应该优先考虑由AI工具接管或辅助，从而解放人力投入更高价值的创造性工作。例如客服、数据整理、代码测试这些环节，可以逐步实现自动化或半自动化。再次，培养员工的AI素养至关重要。每一位员工都应接受训练，学会与AI协同工作。未来的职场不仅需要程序员和算法工程师，还需要大量"AI训练师""数据分析师""自动化流程师"等新角色。即使是传统岗位的员工，也应具备基本的AI工具使用技能，形成"人机共舞"的能力。最后，管理者应树立以小胜大的信心和战略。在一个一人公司都有可能颠覆行业的时代，我们应不断自问：有没有可能用十分之一的人实现同样的产出？有没有可能通过技术弯道超车？勇于打破"人多才能业大"的思维定势，才能抓住AI时代的风口。总而言之，AI时代不是"大鱼吃小鱼"，而是"快鱼吃慢鱼，智鱼胜愚鱼"。小团队只要用好AI这把利器，也能成为掀起惊涛骇浪的巨擘。

小而精的全球化：AI让微型企业参与全球分工

如果说过去小企业常受制于资源和规模，难以染指南海、迈步全球，那么AI的到来正在迅速降低国际化的门槛。语言、距离、时差这些横亘在全球市场之间的高墙，正被AI技术一块块拆除。越来越多的小而精企业凭借AI的加持，参与到全球分工中去，在国际市场上与跨国巨头同台竞技。让我们看看AI如何让微型企业融入全球化浪潮，成为名副其实的"微型跨国公司"。

～

◆ 语言不再是障碍：AI翻译与本地化营销

语言曾是企业走向国际化的头号障碍。不同国家的客户说着不同的语言，小企业往往没有能力配备多语种团队来服务全球市场。然而，AI翻译技术的飞速进步正在消弭语言鸿沟。神经网络机器翻译（NMT）系统如今可以在毫秒间将文本从一种语言准确翻译成另一种，连语气和语境都拿捏得愈发自然。这意味着，一个只有本国语言能力的小团队，也可以通过AI实时翻译工具，与全球客户和合作伙伴无缝沟通。在一些跨国企业中，AI同声传译耳机已经投入日常使用——例如某跨国工程公司的中国工程师在项目会上讲中文，印度同事的耳机里则同步播报出流畅的英语，两人交流毫无障碍。这样的场景以前难以想象，如今却日渐成为现实。

不仅是内部沟通，AI也极大降低了小企业开展本地化营销的难度。过去要打入一个国外市场，需要了解当地文化、语言习俗和消费者偏好，对于小企业而言成本高昂。现在，通过AI分析社交媒体和消费者数据，小团队也能洞察本地市场的流行趋势和用户喜好。更棒的是，生成式AI能够自动产出多语言、多文化契合的营销内容。举个例子，一个只有5人的初创品牌想进军海外市场，他们可以利用AI文案和图像生成工具，快速生成英语、西班牙语、日语等不同语言版本的广告创意，并根据每个市场的文化元素进行调整：美国版广告用上流行的梗，拉美版广告融入当地节日元素，亚洲版广告配以东方审美的设计风格。整个过程不需要昂贵的本地代理公司，全凭AI的"大脑"提供创意和翻译。这种千人千面的智能营销曾是大公司才玩得起的手段，如今小企业也可以驾轻就熟。权威咨询机构麦肯锡的研究显示，数据驱动的AI营销能够将转化率提高数十个百分点，同时大幅降低人工试错的成本。也难怪有创业者感叹："在AI帮助下，我坐在家里就像开了无数家海外分公司，和全球客户对话。"语言障碍的消除，为小企业融入全球市场插上了腾飞的翅膀。

◆ 跨时区协作：云端办公与AI助手

另一大挑战是时差和地理距离。传统情况下，企业要在全球多地设点，以克服工作时间的不同步，小企业显然无力承担。然而，AI赋能的协作工具让远程合作变得前所未有顺畅。如今，不同时区的员工可以借助云端协作平台实时共创，而AI助手则扮演"协调员"的角色：自动汇总各地进展、记录会议纪要，甚至根据团队讨论内容给出建议。想象一下：一支由北京、伦敦、旧金山三地人员组成的设计团队在云端同时绘制产品原型，AI助手不但实时翻译沟通，让语言不同的成员各自使用母语交流，还智能地标注设计稿的冲突之处并提出优化方案。每当有人在文档中作出修改，AI就即时通知所有相关成员并整合不同版本的改动。这种"零摩擦"的远程协作体验使团队即使分散全球各地，也仿佛同处一室头脑风暴。AI甚至能提醒团队注意时差："现在适合所有人开会的时间是UTC下午3点"，让跨时区排期不再是难题。过去只有跨国巨头才能搞定的全球协同，如今一支小团队凭借AI工具也能玩转。

更加前沿的是虚拟会议与元宇宙办公的出现。借助VR/AR技术和数字孪生，企业可以创建沉浸式虚拟办公环境，让远隔万里的员工以数字化身相聚一堂。大家不仅能面对面对话，还可以一起查看3D模型、协同操作虚拟设备，互动性远超普通的视频会议。而AI在其中扮演多面手：实时翻译不同语言的发言、记录讨论要点，甚至在会议结束后自动生成纪要和行动清单。未来甚至可以想象，一个亚洲的小企业主戴上VR眼镜，走进元宇宙中的虚拟展厅，与欧洲客户实时商谈业务，AI自动充当双方的翻译兼助手，谈妥后立即通过智能合约完成交易，而远在大洋彼岸的合作工厂几小时后就收到订单开始生产。这样的跨国商业几乎实时发生，效率之高令人惊叹。AI让跨地域合作如同本地业务一样便利，"地球村"式的协作正在成为现实。正如有人所说，在AI的加持下，"世界真的变平了"，小企业也能全天候、不间断地开展全球运营，再也不受时空限制。

◆ 案例：三人创业团队的全球征程

2018年，两个印度工程师加上一个美国营销顾问，在硅谷创立了一家提供农业无人机监测服务的创业公司。他们的产品需要兼顾发达国家的大农场主和发展中国家的小农户，客户分布跨越五大洲。然而公司总共只有3名创始人和几名远程兼职员工，他们是如何运作全球业务的呢？秘诀就在于充分利用AI和数字平台。首先，他们采用AI驱动的在线客服，即使在创始人睡觉时，AI聊天机器人也照样为来自不同国家的网站访客解答疑问，以7×24小时的响应赢得客户信任。其次，在拓展市场方面，他们几乎零成本地打开了多个国家局面——依靠AI翻译，他们将网站内容迅速推出英文、西班牙文、法文等版本；利用AI分析各地农户使用社交媒体的习惯，有针对性地投放数字广告，例如在非洲通过Facebook农村社群宣传，在南美则与当地农业KOL（关键意见领袖）合作制作短视频，这些创意都是AI根据数据建议的方案。再次，他们与全球的代理商和维护人员协同也是靠AI支持。创始人通过一个云端管理平台监督遍布各国的无人机操作员，AI算法根据卫星天气数据和作物生长模型自动给出每周最佳的航拍时间表并通知当地人员执行。语言不通？没关系，AI翻译即时帮忙；时差不同？AI日程助手提前协调。就这样，这家仅有几名员工的小公司服务网络覆盖了20多个国家，业务运转井井有条，甚至客户常常误以为这是一家拥有庞大团队的跨国企业！到2023年，他们的年营收已突破数百万美元。当被问及成功秘诀时，创始人之一笑言："我们的团队遍布全球，但AI就是我们的首席运营官，帮我们打理了一切繁杂事务。"这个故事充分说明，AI让小企业也能参与全球分工，像跨国公司一样运转。在全球化2.0的时代，勇于利用数字工具的小团队，完全可以演绎"小生意，做遍天下"的传奇。

〜

◆ 战略启示：布局全球，从一开始就AI赋能

面对AI降低全球化门槛的趋势，企业战略上应该做出相应调整。以下几点建议供决策者参考：

- 从初创期就考虑全球市场：既然语言和沟通壁垒大为降低，小公司完全可以在创业之初就放眼全球，不必等做到本土第一再出海。产品设计阶段就应考虑不同市场需求，品牌和网站风格尽量国际化。同时利用AI工具测试各国用户反馈，找到全球共同痛点，从而打造"生而全球化"的产品和服务。

- 配置AI驱动的国际化运营：充分利用AI客服、AI翻译、AI营销等工具来构建低成本的国际运营能力。例如部署多语言聊天机器人、搭建自动化邮件翻译回复系统、使用AI优化各国广告投放。让技术代替人工去完成过去繁琐的本地化工作，把核心团队解放出来专注产品和战略。

- 建立远程协作文化：鼓励组织内部采用云协作和远程办公模式，打破地理限制招募人才。完善配套制度，比如异步工作的流程、跨时区会议的规则等。让公司文化适应"分布式团队"的形态。管理者要善于利用AI监测远程工作进度、维持团队凝聚力。例如用AI分析远程员工的工作数据，及时发现谁可能遇到问题并提供支持。

- 结交全球合作伙伴：小企业更应善用平台和生态的力量。通过跨境电商平台、SaaS服务市场等迅速接触海外客户；与大型科技公司的开放平台合作，借助它们的AI和云基础设施扩展业务

（如利用Amazon的物流和Azure的AI服务）。同时，使用AI工具筛选全球供应商、服务商，找到最优性价比的合作伙伴，实现"全球采购、全球交付"。

总之，在AI的助力下，全球市场正向每一家雄心勃勃的小企业敞开大门。越早布局国际化并掌握AI赋能的运营之道，越能在未来的全球价值链中占据一席之地。未来的商业传奇，不再仅属于那些已有雄厚资本的跨国巨头，也将属于那些借力AI、灵活敏捷的微型跨国公司。

案例深潜：AI原生初创与跨国企业的变革之道

为了更具体地理解AI如何塑造高柔性、高产出的商业模式，我们来分别剖析两个典型案例：一家"AI原生"的新兴创业公司，和一家勇于拥抱AI转型的传统跨国企业。它们一个代表未来商业的新物种，一个代表老牌劲旅的自我革新。从中可以看到，无论新旧，凡善用AI者，皆可焕发出强大的生命力和竞争力。

$\backsim$

◆ 案例一：Midjourney——小团队的独角兽奇迹

提起AI创业公司，多数人会想到硅谷数百人规模、动辄融资上亿美元的团队。然而，有一家名叫Midjourney的AI公司却颠覆了人们的想象：成立于2021年的Midjourney是一款主打AI绘画的在线服务，它在短短两三年内聚集了数千万用户，创下数亿美元的年营收。但令人惊讶的是，这家公司在初期仅有不到12名核心员工！即使到2023年底，也不过扩张到约40人规模，却创造了近2亿美元的收入，平均每人贡献近5百万美元营收。这一人均产出之高让传统企业难以望其项背。

Midjourney成功的秘诀就在于AI驱动的高度可扩展商业模式。首先，产品本身由AI提供服务，用户上传文字描述就能生成精美图片，全过程自动化，无需人工干预。这意味着业务可以随着用户增长而扩张，却不需要线性增长人力。事实上，Midjourney几乎没有专门的销售或客服团队，用户通过Discord社区自助使用，遇到问题也多由社区和AI助手解答。这种自助式的运营大大降低了人力成本。其次，Midjourney的毛利率高达90%以上——典型的数字产品特征，AI模型训练完成后，每多服务一个用户几乎不增加额外成本。这与传统需要大量人力服务的行业形成鲜明对比（传统创意服务业毛利率可能只有30%）。此外，Midjourney团队精挑细选顶尖的AI研究和工程人才，每个人都身兼数职，高效协作。公司的组织架构非常扁平，决策链极短，能够快速迭代产品功能以回应用户需求。这种"小团队大能量"的组织范式正是AI原生公司的共同特征。另一个数据也印证了这一点：一家名为Anysphere的AI初创公司开发了编程助手产品，创始时只有不到10人，却在不到一年时间里实现了年经常性收入从100万美元激增到1亿美元——这个增长率和人均产出，放在传统行业几乎无法想象。可以预见，随着AI技术的发展，未来将有更多Midjourney、Anysphere式的"小而独角"涌现。对传统玩家来说，这些灵活高效的AI原生公司既是颠覆者也是合作对象：巨头们或许需要反思自己庞大低效的机构，与这些小而强的新锐展开合作或投资，以免被远远甩在身后。

Midjourney的故事带来的管理启示是：创业者应大胆采用"AI优先"的商业模式。也就是说，从一开始就设计以AI为核心驱动力的产品和服务，让AI为客户创造主要价值，同时让业务具备高度的可扩展性和自动化。这个模式下，传统上许多需要人力支持的环节（销售、客服、运营等）都可以极简化，公司可以在保持小团队的同时服务海量客户。另外，对组织文化的启发是，小团队要信任顶尖人才并给予他们充分自主，让扁平架构加快创新速度。这正如硅谷所推崇的："用尽可能少的优秀人做成大事"。AI时代，这句话愈发真实。小公司只要找准切入点，以AI技术为杠杆，完全有机会实现过去需要大企业才能完成的事业。

〜

◆ 案例二：ZARA的柔性供应链革新

快速时尚品牌ZARA所属的Inditex集团，是一家坐拥全球7000多家门店的跨国服装巨头。按理说，这样的大公司往往因组织庞大而动作迟缓。然而ZARA却凭借柔性供应链的革新，成为传统行业中灵活高产出的典范，而这一切背后也有AI技术的身影。ZARA之所以备货迅速、款式翻新快，一个秘诀在于它打造了高度柔性的服装生产与物流体系，使"小批量、多批次"的生产成为可能，从而将设计到上架的周期压缩到了惊人的7天左右。要知道，传统服装品牌往往需要数月才能完成从设计到上市的流程。ZARA如何做到如此之快？这背后涉及到AI和数据驱动的多环节优化：首先，在设计环节，ZARA通过AI分析全球各店铺销售数据和时尚趋势，及时捕捉流行元素，指导设计师快速推出新款式。接着在生产环节，ZARA采用了一套柔性制造系统，利用自动裁剪机、智能缝纫设备等技术，根据门店实时需求调整生产计划。举例来说，当某款连衣裙在店里畅销断码时，系统马上通知工厂加急赶制该款，哪怕数量不大也能经济高效地完成，因为生产线可以像搭积木一样快速重组。据报道，一家电子工厂引入AI后，将更换生产产品型号的调试时间从2小时缩短到10分钟，而丰田的元町工厂柔性产线甚至可以在车型切换时仅秒停即可衔接生产下一车型。虽然这是汽车领域的案例，但原理相通：AI让生产系统实现智能调度和快速换线，大幅减少切换成本。对服装业来说，这意味着工厂不用等大量订单凑满才开工，小批量生产也合算。ZARA正是通过这套柔性生产+快速物流体系，极大降低了库存积压，能以近乎"零库存"的方式运营——原材料和成品在需要时才送达销售地，几乎不浪费资金囤货。当季某款衣服卖爆了，几天内追加货品即可上架；卖不好，就迅速下架止损。整个链条由AI算法实时优化，大幅提升了供应链的敏捷和透明度。ZARA的案例说明，即使是传统制造零售企业，通过引入AI和数字技术，也可以重构业务模式，实现类似互联网公司的快速迭代和高效产出。

ZARA之外，更多跨国企业正在借助AI推动内部创业和业务重塑。例如，美国的通用电气（GE）在工业领域引入AI进行设备预测性维护，转型为"设备即服务"模式：客户不再一次性买断昂贵的设备，而是根据使用时长和效果付费，由GE通过AI远程监控设备状态、主动提供维修保养。这样GE获得了持续收入来源，客户也降低了资本开支，实现双赢。这实际上是业务边界的延展——制造商不再只卖产品，而是卖服务和解决方案。在这方面，AI提供了实现的技术基础，因为设备数据的实时采集与智能分析是这种模式的关键。再比如，德国的西门子在全球工厂推广数字化双胞胎和AI优化调度，实现跨地域生产协同：某地工厂设备空闲时，可以临时接管另一地的订单生产，AI系统统一分配任务，让全球产能得到最优配置。这种高度灵活的跨国运营模式，让西门子在供应链波动和地缘风险中更具韧性。可见，传统跨国企业只要勇于拥抱AI，同样可以像创业公司那样灵活，甚至利用自身资源和数据优势，创造出令人惊叹的业绩。

管理建议：对于大型企业管理层而言，ZARA等案例的启示在于：主动求变，拥抱AI驱动的业务模式重构。首先，要有决心打破科层僵化，推动组织扁平化和团队跨职能协作，以适应快速决策和响应的需要。ZARA的成功离不开高层的推动，使设计、生产、物流等部门形成闭环高效联动。其次，加大技术投入与合作，补齐数字化短板。传统企业在AI人才和技术上可能不如科技公司，因此要善于通过并购、合作等方式获取这方面能力。比如与AI初创企业合作开发定制系统，或设立数字化转型部门引进顶尖人才。再次，重新定义业务边界，思考公司能否为客户提供更多价值服务而不只是产品。当你利用AI洞悉了客户的使用数据，就有机会介入后续服务（如维护、运营优化），形成新的利润增长点。最后，鼓励内部创新，给予团队试错空间。大型组织可以内部孵化"小团队+AI"的新项目，用创业公司的方式运作，在组织内部形成创新的"特区"。总而言之，大企业应像ZARA一样具备前瞻性，通过AI的赋能保持组织的青春和活力。毕竟，在AI时代，唯有变革者生存，规模再大也不是护城河，敏捷创新才是王道。

组织与人才的重塑：从科层巨塔到人机协同网络

AI技术不仅改变着具体业务流程，也在深刻重塑公司的结构、人才架构和管理模式。可以说，AI正在将传统科层制组织演化为一种全新的"人机协同网络型"组织。在这一部分，我们系统分析AI对公司内部运作方式的重构——从组织层级到人才培养，从业务边界到管理范式，无一不在发生变化。

～

◆ 扁平化与自组织：管理层级的革新

工业时代，企业常采用金字塔式的科层结构，明确的层级带来稳定和秩序。然而这种多层级结构的信息传递效率低、决策链条长，在瞬息万变的市场中往往显得迟缓。如今，AI提供了新的可能：更扁平、更灵活的组织结构正在兴起。其背后原因有二：一方面，AI降低了信息获取和处理的成本，很多过去必须由中层管理者整合的信息，现在员工可以借助AI工具直接获取分析。另一方面，AI促进了自组织团队的出现——团队可以依赖数据和智能决策系统自行协作，减少对上级指令的依赖。事实上，AI对管理层级最大的冲击就落在传统的中层管理者身上。许多中层过去的职责是上传下达、监督执行和行政事务，如今AI可以自动生成报告、跟踪项目进度、监测绩效，这使得中层管理的部分功能被替代。当一线员工配备了强大的AI助手后，他们有能力承担更广的职责范围，不需要那么多经理来协调。这样公司就有可能减少管理层级，扩大每位经理所带团队的规模。比如全球零售巨头亚马逊就提出，要将"员工与经理的比例"提高15%以上，削减冗余的主管岗位。亚马逊CEO安迪·贾西（Andy Jassy）明确表示："减少经理层级会消除壁垒，使组织扁平……如果做好了，这将加快行动速度，把决策权推进到离客户最近的一线"。这番话道出了扁平化的核心价值：在AI辅助下，一线团队可以更自主高效，中间的管理"缓冲"可以精简甚至拿掉。

一些领先企业已经开始尝试极致扁平化的结构。著名AI公司OpenAI据报道就只有两层主要结构：领导团队和全员扁平的工程师架构，没有传统的多级主管体系。虽然这种激进模式未必适合所有企业，但大势所趋是明确的：层级更少、反应更快。学术研究也印证了这一点——2025年的一项分析表明，生成式AI的应用正在加速扁平化趋势，促使更多独立团队涌现，它们由人类与AI共同组成，实现自我管理。也就是说，未来的组织可能由众多小团队构成，每个团队高度自治，由AI协助决策和协调，各团队之间通过数据平台连接，而不是通过层层汇报。当环境变化时，这些团队可以像积木一样重新组合，公司组织就像一个有机网络，灵活适应外部挑战。这与传统僵化的科层巨塔形成鲜明对比。

当然，扁平化并非简单裁撤管理者那么容易，它需要深度重塑公司的运营方式。企业必须重新定义管理者的角色：从发号施令者转变为赋能者和协调者。中层管理者未来更可能成为"教练"和"项目经理"，帮助团队获得所需资源、移除障碍，而具体事务由团队自决。AI将在其中提供全景视角的数据支持，帮助管理者监控整体运行而不干涉微观事务。换言之，管理的重心将从"管控"转向"支持"。对于员工来说，也需要培养更多自主决策和跨职能协作的能力，因为AI给予了他们前所未有的信息透明度和工具。未来的员工或许同时扮演多重角色，在不同项目团队中协同，带来的是组织边界的模糊化和人才流动性的增加。可以预见，那些拥抱扁平、自组织模式的企业，将更有活力地拥抱变化；而固守旧有层级的组织，可能会被更灵活的竞争者甩在身后。

∼

◆ 人才架构：人机协同的全新分工

AI时代的人才结构，与过去相比将发生显著变化。首先是人才类别的转变：许多传统岗位会因为AI自动化而缩减甚至消失，同时涌现出新的职位类型。例如，现在已经可以看到企业招聘"AI训练师"（训练机器学习模型的人）、"对话设计师"（设计AI对话流程的人）、"数据策展人"（管理和优化训练数据的人）、"自动化流程工程师"等等。这些新兴角色都是为了发挥AI所长、弥补AI所短而设立的。不仅如此，伦理道德和监管相关的人才需求也在上升，比如"AI伦理师""数据隐私官"等，确保AI的应用符合法律和道德规范。由此可见，未来企业的人才架构将是传统专业+AI相关新专业并存，共同支撑业务运转。

其次，在人才技能上，每个员工都需要进化。AI不会完全取代人类，但会改变几乎所有职业的技能要求。过去经验至上的岗位，现在需要添加数据分析和AI工具使用技能；过去技术导向的岗位，也需要更多创意和人文思维以补足AI短板。简单来说，未来的"通才"应该是"T型人才"：既有人类独特的软技能（创造力、共情、复杂沟通能力等），又掌握基础的AI应用技能。例如，市场营销人员不仅要懂营销原理，还要会使用AI进行消费者洞察和内容生成；医疗行业的从业者要懂AI辅助诊断工具的原理和局限，以便与之配合。那些拒绝学习新技术、固守旧有技能的人才将面临被淘汰风险。这对企业人才管理提出了终身学习和培训的新课题。聪明的企业已经开始行动：提供AI技能培训课程、鼓励员工尝试使用各种AI工具，甚至设立"AI学习日"让员工分享心得。一个流行的理念是"人机协同工作"（Human-AI Collaboration）：强调将人的长处和AI的长处相结合。因此企业在招聘和考核中会越来越重视员工的学习能力和适应性，以及是否具备和AI协同的心态。

再次，人才结构也会调整。随着AI接管低技能任务，公司内部可能出现两极分化的趋势：一方面需要少量高端专家人才（顶尖AI科学家、数据架构师等）来开发和掌控关键技术；另一方面，需要大批能够与AI搭档的复合型业务人才。而介于两者之间、中等技能、执行简单任务的岗位会被压缩，因为这些任务要么自动化，要么外包给灵活用工甚至众包平台去完成。举例来说，一个AI驱动的客服中心，可能只保留少数能够处理复杂问题的资深客服专员，大量初级询问由AI聊天机器人解决。同理，制造业工厂里简单装配工人减少，但需要更多精通人机协作的技术工人来管理机器人。这将导致组织的"倒三角"人才结构：金字塔底部的基础人力减少，中层专业技能人员压缩，顶层和前线高技能人才占比提高。这对于传统以人海战术取胜的企业是一大冲击，必须提早规划人员转型和安置。

≈

◆ 业务边界：开放的生态与平台化

AI时代还模糊了企业的业务边界。一个显著趋势是企业更加开放，更多地参与外部生态协作，而不再把所有功能都关在公司内部。这有点像管理学大师科斯所说的，"交易成本"在降低，企业没必要什么都自己做。当AI帮助提高了市场的信息对称和协作效率，企业可以放心把一些环节交给外部伙伴或平台。比如，许多小企业不再维持庞大的IT部门，而是将IT基础设施和AI服务外包给大型云平台（如使用AWS、Azure的AI模块）——公司的边界因此向外延伸，融合进更大的数字生态中。同样地，制造企业可以把供应链管理交给专业的供应链平台公司，让后者利用AI进行库存预测和物流优化，自己专注于产品研发和品牌。平台化、生态化成为关键词：企业与外部合作伙伴共同创造价值，而非孤军奋战。

另一方面，AI也使传统行业边界变得模糊。科技公司可以轻易跨界进入金融、汽车等领域，因为AI和数据是通用的"燃料"。例如，特斯拉不仅造车还是能源公司，未来更可能成为一个AI驱动的出行服务平台；阿里巴巴这样的企业通过AI涉足医疗、物流，无孔不入。这些跨界创新背后，其实是价值创造逻辑的变化：企业不再定义自己局限于某个垂直领域，而是围绕数据和客户需求，搭建多元化服务网络。所以我们看到，一些制造企业开始提供数字化服务，一些互联网公司开始研发硬件设备……大家都在尝试"软硬结合""产服融合"，拓展业务边界。这样的战略在AI的支持下更易成功，因为AI能快速弥补人才和经验不足，通过外部学习和模拟帮助企业跨入新领域。例如，一家传统家电企业想进军智能家居，只要引入合适的AI模型和传感器技术，就能很快开发出智能音箱、智能安防等新产品，甚至和互联网内容服务打通，形成硬件+服务的一体化商业模式。

管理模式也在随之改变。过去企业管理强调内部控制和科层决策，如今更多是网络化治理：管理者需要处理好与平台伙伴、开源社区、独立开发者等外部力量的关系。以软件业为例，许多公司通过开放API让外部开发者为自己的AI平台创新功能，企业则充当平台的 orchestrator（组织者）。这种模式下，公司边界更加模糊，企业的部分价值创造发生在公司之外。管理者要学会激励和引导外部生态，而不仅仅是管好自家员工。这要求新的领导力：更加开放、善于合作、具备系统思维。可以预见，未来成功的企业很可能既不是"独立王国"，也不是被吞并进巨型寡头，而是成为一个连接众多合作方的枢纽。通过AI实时协同，它能够高效调动全球资源为客户创造价值。

～

◆ **AI时代的新型管理：数据驱动与智能决策**

最后，我们谈谈管理模式本身的升级。管理的本质是决策和执行，AI在这两个环节都提供了强有力的辅助，催生"智能管理"的新范式。

首先是数据驱动决策的全面兴起。管理者过去依赖经验和直觉，如今则有海量数据和AI分析作为决策依据。每天，企业的运营系统、社交媒体、物联网设备都会产生海量数据。AI可以帮助高管们从噪音中抓取有意义的模式与洞察。例如，AI仪表盘可以实时汇总销售、生产、财务等关键指标，并用自然语言向管理者报告异常："本周北美市场销量骤增20%，与一场网络疯传的视频相关"——管理者据此马上决定调整供货和营销策略。又或者，AI通过对历史项目数据分析，给出建议："类似项目采用敏捷开发比瀑布模型快15%"，帮助经理选择正确的管理方法。不仅战术层面，在战略层，AI也能提供情报支持，比如扫描全球行业动态、科技趋势，供决策者参考。可以说，直觉式管理正在让位于数据赋能的理性管理。这并不意味着人被排除在外——恰恰相反，最好的领导者将是那些能和AI一起解读数据、洞察先机的人。数据只是基础，AI助理提供分析，而对大局的把握、对人性的理解仍需要管理者来定夺。未来管理者的一项核心能力就是提出正确的问题，引导AI为其提供决策支持，并运用经验和价值观对AI结论进行审慎评估。

其次，执行层面也因AI更高效。所谓执行，包含将决策转化为行动并督促完成。AI可以在项目管理中扮演"智能督导"的角色。许多企业已在使用AI驱动的项目管理工具：它能根据任务进度自动提醒相关人员、根据风险预测调整排期、甚至主动将延误事项升级汇报。这样一来，管理者从繁琐的跟进中解脱出来，可以把精力放在解决真正的障碍上。同时，AI还能够促进透明和责任。通过区块链和AI结合，重要决策和操作都可以被记录和追踪，减少推诿扯皮。员工的绩效数据也更加客观透明，有助于制定公平的奖励机制。另一方面，管理者需要警惕AI在执行中可能带来的"算法偏见"和不当行为。比如AI排班系统可能因为优化效率而忽略员工福利，或AI绩效考核只看数字不顾员工士气。这就要求管理者始终保持人在loop中，确保AI的执行符合组织文化和价值观。当AI建议的行动不合适时，人必须敢于介入和纠偏。智慧的管理不是盲从AI，而是善用AI。领导者要懂AI的局限，制定相应的伦理规范和审核流程，让AI真正成为执行的好帮手而非隐患。

总的来说，AI时代的管理模式将更趋科学和艺术的融合。一方面，决策更加量化、即时和客观；另一方面，人文关怀和创造性依旧是管理艺术中不可或缺的部分。那些能够娴熟驾驭AI工具、同时激发团队激情和创造力的管理者，将引领未来的组织走向新的高度。

未来图景：商业版图、产业链与价值创造的AI化重构

当AI之风吹遍整个商业世界，我们有必要登高远望，看看这场变革最终将把我们带向何方。未来20年，商业版图、产业链组织形式和价值创造逻辑都将因为AI的融入而发生深刻调整。一些趋势已经初现端倪，让我们在本章最后加以总结和展望。

∾

◆ **商业版图：大变局与新格局**

AI赋能下，小企业有了逆袭的机会，大企业也在奋力转型。这将导致未来商业版图出现"双峰并存"的现象：一方面，极少数掌握顶尖AI技术和海量数据的超级巨头可能变得更加强大，形成新的"AI寡头"，它们提供基础的AI平台服务（类似今天的云计算巨头），成为整个经济的底座；但另一方面，大量垂直领域会涌现出众多灵活多变的"小巨人"企业，它们专注细分市场，借助AI快速抢占高价值环节，形成星罗棋布的创新网络。大型AI平台公司与无数专业化小公司将共生共存：前者提供通用AI能力，后者深耕具体应用场景，各有所长。对于传统企业而言，未来要么成功转型加入前述两类阵营，要么可能在竞争中被边缘化。

值得注意的是，地域格局也会因此改变。过去发达国家主导高端产业、发展中国家承接低端制造的分工，正在被AI打破。AI让知识和创新的扩散更加迅速，世界各地的创业者几乎同时接触到最新技术，一些发展中国家的小公司也能做出世界级的产品。在某些领域（例如移动支付、短视频应用），新兴市场的创新甚至走在前面。这意味着未来20年的商业版图可能更加多极化，新兴市场将涌现自己的超级公司，并与西方巨头在全球范围竞争合作。我们或许会看到，来自亚洲、非洲、拉美的小团队通过AI实现飞跃，创造出现象级的产品，成为国际市场的新玩家。这将重塑全球产业的力量对比，让商业创新不再局限于硅谷或欧洲少数地区。

同时，AI对政府与监管也提出新要求，各国将竞相制定有利于AI企业成长的环境与规则。那些能够包容创新、鼓励试验、又有效管理AI风险的国家，将吸引更多创业者和投资，进而在新商业版图中占据优势。总之，未来的商业版图充满不确定性，但可以肯定的是，能否有效利用AI将成为决定企业乃至国家竞争力的关键因素。正如一句流行语所说："21世纪有两种公司，利用AI的和被AI淘汰的。"版图上的座次，将由此决定。

◆ 产业链组织：从线性链条到敏捷网络

AI将推动产业链组织从传统的线性链条模型，向更加敏捷、多节点协同的网络化生态转变。过去，产品从原材料供应商到制造商再到分销商，层层传递，信息滞后且缺乏透明度。AI的介入让供应链变得前所未有的透明和智能。实时的数据共享和预测算法使每个环节都能即时掌握全局信息，及时调整自己的节奏。由此，产业链不再是固定的链条，而更像一个动态网络：订单可以在不同供应商之间智能分配，物流路线根据实时情况自动优化，新产品的设计和原料选择同步协同。特别是柔性制造（Flexible Manufacturing）的推广，意味着生产能力可以在网络中快速切换和重组。例如，当某种零部件主要供应商遇到瓶颈时，AI系统会自动在全球找到替代供应源并下达生产指令，保障最终产品按期交付。这种"备份式"供应网络提升了抗风险能力。未来的产业链组织将是高度弹性的，企业之间通过AI平台紧密协同，共享需求预测、库存状况等信息，形成"供应链共同体"。谁能够快速响应市场，谁就能获得更大份额，而AI正是赋予这种敏捷性的核心动力。

另一个趋势是产业链分工更精细、价值链更短。AI提高了专业化水平，一个企业可以只专注做自己最擅长的一段工作，其它环节通过平台外包协同。例如，一个小型设计公司也许不具备制造能力，但可以利用柔性制造云平台，将自己的设计直接下单由世界各地的智能工厂生产，再由物流网络配送到客户手中。这样的结果是，中间商和中间环节减少，"制造即服务"兴起。客户与工厂间的距离被拉近，定制化生产成为常态。产业链会更像一个随需应变的网络，企业角色可能多重化——既可以是某人的供应商，也可以是另一方的客户和合作开发者，竞合关系复杂而紧密。这要求企业具备开放心态，善于与各种规模的伙伴合作，而不是固守一亩三分地。

对产业链的治理也会相应变化。区块链技术或将与AI结合，在供应网络中建立可信的交易和追溯体系，使得每个节点的贡献和责任都清晰记录。这有助于解决复杂协作中的信任问题。产业联盟和标准化也会加强，共同制定AI接口和数据格式标准，让不同企业系统对接顺畅。总之，未来的产业链将更像一个有机生态系统，企业间关系更密切，边界更模糊，共同对最终市场结果负责。AI在其中扮演的是"大脑"和"神经系统"，让这个生态能够智能运转、高效进化。

≈

◆ 价值创造逻辑：从要素驱动到智能驱动

最后，我们探讨价值创造本身逻辑的变化。工业时代的价值创造主要依赖资本和劳动力等要素的投入，数字时代则强调技术和信息驱动。到了AI时代，价值创造将更多地来自智能驱动：即通过算法、数据和算力的组合来实现爆发式的价值提升。

一个明显的趋势是边际成本趋近于零的商业模型将大量涌现。以软件和内容产业为代表，在AI帮助下，复制和服务额外一个用户的成本微乎其微，这使得规模收益极大。当产品可以数字化交付，企业增长不再受制于传统生产要素。这也是为何我们看到人均产值数百万美元的AI公司出现——因为规模不受人头限制。未来，制造业在一定程度上也可能朝这个方向发展：通过高度自动化和智能化，实现"无人工厂"，产能可以快速扩展而无需同比例增加工人，人变成价值链中更小的一环。这将颠覆传统"规模=产能=人力"的等式，取而代之的是"规模=算法×数据×算力"的新公式。谁拥有更强大的AI算法、更多的数据资源和算力支持，谁就能创造更大价值，而不需要线性增加传统要素投入。这将引发商业战略的重大转变——企业会投入更多资源在获取数据、训练算法上，而非盲目扩张人力和资产。

与此同时，用户在价值创造中的地位也在上升。AI使得个性化和参与式的价值创造成为可能。比如众包设计、开源软件，这些都是用户直接贡献价值的一种形式。企业的角色变成平台和引导者，用户既是消费者也是生产者（所谓"产消者"）。在一些AI驱动的平台上，用户反馈的数据反过来训练改进了AI模型，使产品更好，这本身就是一种共创价值的过程。所以未来价值创造将更强调生态价值和网络效应：单个企业不再闭门造车，而是调动用户、合作伙伴共同创新。价值不再仅在工厂里、办公室里产出，也可能来自社区和网络协作。这需要企业重新思考如何激励各方参与，如何分配价值收益。这种逻辑变化也体现在商业模式上——从卖产品到卖服务、卖体验、卖结果。客户不再仅仅购买商品本身，而是购买一个持续的服务关系或期望的结果。例如，客户与其买一台机器，不如购买机器正常运行的时间和效率，这就是前面提到的"设备即服务"模式。在这种模式下，企业只有不断提供价值（保持机器运转良好）才能持续获得收益。这就倒逼企业持续创新和提升服务，而AI提供了必要的手段去实时监测、维护和优化，支撑这种价值创造闭环。

最后值得一提的是，公平与可持续将成为价值创造的新考量。AI带来的高效益同时也引发社会对就业、隐私、公平的关切。未来成功的价值创造模式，一定是兼顾经济效益和社会效益的。比如通过AI提高效率的同时，企业需要有计划地帮助被替代的员工转型；利用AI收集数据创造价值时，要保障用户隐私和权益。这实际上也将是未来竞争的一部分——那些更负责任、更受公众信任的企业，将赢得长期的价值共创机会。价值创造逻辑因此扩展为"价值共创"：企业、用户、社会多方共同参与、共享成果。

总结与展望：擎AI之炬，重塑未来公司

当我们回顾本章内容，一幅AI时代公司重构的壮丽图景已然浮现在眼前。从一个人挑战百人团队的"超级个体"崛起，到小企业跨越山海参与全球协作的新格局；从AI原生创业公司创造的商业奇迹，到传统巨头借助AI焕发第二春的变革之路；从组织结构的扁平化、自主化，到人才架构的人机协同、技能进化；从业务边界的开放延展，到管理模式的智能升级；再到未来商业版图和产业链组织的重组，每一处变化都指向同一个核心——AI正成为21世纪企业最强大的赋能者和变革引擎。

在这一进程中，我们可以提炼出几条清晰的脉络：

- 生产力范式跃迁：AI让小团队拥有大作为，人均产出屡创新高，传统规模优势被技术优势取代。超级公司未必要"人多势众"，而是"人机协作"巧夺天工。

- 全球化2.0：数字技术和AI消弭了语言与地域壁垒，赋予小企业全球竞争力。未来企业将更普遍地"全球运作，本地服务"，人才与业务遍布全球成为常态。

- 商业模式革新：AI推动企业由卖产品向卖服务、卖智能转型，催生出高度灵活、可扩展的新商业模式，如订阅制、平台生态、按效果付费等。企业边界愈加开放，价值在协作网络中创造和分配。

- 组织重构：科层组织让位于扁平网络，自主团队成为基本单元，人机混编团队大行其道。决策层级减少、响应速度加快，将成为新组织的生命线。

- 人才为本：尽管AI无所不在，人仍然处于价值创造中心。只是我们需要成为更好的自己——具备AI时代的技能和心态。持续学习、拥抱变化、与AI共舞，将是每位职场人的必修课。

- 管理蜕变：领导者由指挥者转型为赋能者，管理从经验驱动转向数据智能驱动。优秀管理者将在AI帮助下做出更明智的决策，同时肩负引导AI负责任应用的重任。

- 价值新论：价值创造更强调智能和网络效应，竞争优势来自算法和数据而非人力堆砌。企业与利益相关者共创价值、共享收益，强调可持续和包容性增长。

展望未来二十年，这些趋势将进一步深化，加速演进。当第一家十人十亿美元营收的公司横空出世时，或许不会再让人如此惊讶，因为我们已经习惯了一个又一个由小团队书写的商业传奇；当越来越多传统企业通过AI实现凤凰涅槃，我们也将更新对"大象能否跳舞"的认知。可以预见，AI将成为新时代企业竞争的普遍底层能力，正如电力之于工业时代、互联网之于信息时代。不会使用AI的企业将如同不会用电、不接入网络一般寸步难行。

当然，机遇伴随着挑战。AI带来的社会影响诸如就业替代、伦理风险，需要企业和社会携手应对。但历史证明，每一次技术革命都会催生全新的繁荣和进步。关键在于，我们如何掌握方向盘，引领技术为人类福祉服务。对于企业管理者来说，最重要的是积极拥抱变化。不要等到竞争对手用AI颠覆自己，才追悔莫及；不要因循守旧，错失时代馈赠的东风。相反，应当主动学习AI知识，在组织内推动试点项目，培养AI时代的人才队伍，营造鼓励创新的文化。正如一句管理箴言所言："不革自己的命，就会被时代革命。"AI时代给予了有远见者弯道超车、后来居上的机会，也无情淘汰因循苟且者。

当下，我们站在一个崭新的起点上。未来的公司将不再只是某一国界内的人力和资产组合，而更像是跨越世界、连接人机的智慧有机体。管理者需要具备全球视野和技术敏锐度，才能在新商业版图中占据一席之地。毫无疑问，未来20年的商业竞赛将精彩纷呈、瞬息万变。但可以肯定的是：擎起AI这把时代之炬者，将照亮未来商业的天空。让我们怀抱信心与责任，乘着AI的浩荡东风，重塑公司的定义，开创属于我们这一代人的商业新篇章。精彩的未来，已然启程。

2

第二章 新商业模式的崛起

"预测未来的最好方式，就是去创造未来。"

—— 彼得·德鲁克（PETER DRUCKER）

当人工智能（AI）技术的浪潮奔涌而来，各行各业正发生深刻的商业模式变革。过去几十年，我们见证了互联网如何催生全新的产业生态，如今以生成式AI为代表的新一代AI技术，正在引领另一场商业革命。AI不再只是提高效率的工具，更成为孕育颠覆性商业模式的源泉。从令数亿用户倾心的生成式AI平台，到智能订阅和微服务，再到AI重塑自由职业市场、数字孪生驱动实时决策、数据资产化和DAO（去中心化自治组织）的探索，以及传统行业在AI加持下的自我重构，本章将系统剖析这些崭新的商业模式如何崛起。在这场变革中，我们既能看到全球创新公司的具体案例，也能总结出具有启发性的趋势与实战洞见。

生成式AI平台经济模式

21世纪第二个十年末，生成式人工智能以破竹之势崛起，催生出全新的平台经济模式。OpenAI推出的ChatGPT就是一个标志性事件：这款对话式AI在2022年底横空出世，仅用5天就吸引了超过100万用户注册，创造了互联网产品用户增长的新纪录。半年内，ChatGPT的月活跃用户跃升至超过2.3亿，展现出前所未有的用户粘性和持续热度。这种爆发式增长体现了生成式AI作为平台的强大号召力。与以往许多AI应用局限于幕后不同，ChatGPT直接面向大众，成为数亿人日常工作和生活的一部分。其背后的大模型API更构建了一个生态系统，无数开发者基于它开发插件、应用，将OpenAI的平台价值成倍放大。

除了ChatGPT，生成式AI领域百花齐放，催生了多个现象级的平台型公司。以生成图像闻名的Midjourney为例，它依托Discord社区运营，在不到一年的时间里服务器成员暴增至近1500万，成为Discord上最大的社区之一。值得注意的是，Midjourney几乎没有依赖传统风险投资，而是通过订阅制直接向用户提供服务，实现了健康的现金流。这种模式表明，优秀的生成式AI产品本身就具有吸金能力，用户愿意为高质量的AI创意内容付费。再看另一家公司——主打AI虚拟形象和对话的Character.AI，上线9个月即吸引每日超过300万活跃用户，用户平均每天花2小时与AI对话。如此深的用户参与度，意味着生成式AI正开辟出全新的用户行为：

人们开始把AI当作朋友、顾问、搭档，甚至创作伙伴。这些以前从未出现的大众消费行为，孕育着巨大的市场机会。

生成式AI平台经济的商业模式与传统互联网平台既有相似之处，又有独特创新。一方面，用户规模效应和网络效应依然是核心：用户越多，模型越能从交互中学习改进，进而吸引更多用户，形成良性循环。例如ChatGPT的大规模用户基础不仅带来了订阅收入，还提供了海量反馈，用于不断优化模型服务。另一方面，生成式AI平台常采用增值订阅和API经济的变现模式。以ChatGPT为例，OpenAI在保持基础免费服务的同时，推出了每月20美元的高级订阅(ChatGPT Plus)，提供更快的响应和新功能，这为OpenAI带来了可观的订阅收入。据估算，仅美国市场的ChatGPT付费用户就带来了年化5亿美元的收入规模。此外，OpenAI开放API供企业与开发者调用，按照使用量计费，这种Usage-based模式将AI能力嵌入千行百业。许多初创公司无需自研模型，付费调用OpenAI的服务即可快速推出产品，OpenAI由此成为底层平台，在商业生态中占据关键一环。

生成式AI平台经济的兴起，还伴随着全新的价值主张和竞争格局。一方面，"创作门槛"的大幅降低使个人和小团队具备了原先大型公司才有的生产力——设计师可以用Midjourney快速生成概念图，撰稿人借助ChatGPT草拟文章，程序员通过Copilot自动补全代码。这催生了"AI赋能个体"的新商业机会：有人开设工作室专门用AI生成内容接单，有创业者整合多个AI工具为客户提供一站式创意服务。另一方面，大型科技公司也争相布局生成式AI平台，以免错失下一波浪潮。微软投资并深度集成OpenAI技术，谷歌推出了自己的对话AI Bard，Meta开放了Llama大模型供社区开发。这些举措既是竞争也是共生：开源模型和付费API共同丰富了生态。例如，Stability AI开源Stable Diffusion图像模型，让开发者可以免费使用和改进模型，这反过来带动了对高端算力服务和定制版模型的商业需求。我们看到，一个围绕生成式AI的繁荣生态正快速形成，其中既有巨头提供基础设施，也有初创公司创造垂直场景应用，用户则在众多选择中找到适合自己的解决方案。

案例与启示：ChatGPT和Midjourney等的成功，证明了生成式AI平台模式的巨大潜力和变现能力。一款优秀的AI产品可以在极短时间内吸引海量用户，并通过订阅、增值服务和API获得收入，实现自我造血。这类平台的核心竞争力在于持续的模型优化和用户体验提升，因为用户留存和付费意愿取决于AI输出的价值和新颖性。同时，新行为的出现意味着新市场的诞生：当人们习惯于让AI写作、绘画、编程，围绕这些行为的付费服务、社区交流、版权交易等都会成为新的商业契机。对于创业者而言，当前正处于生成式AI平台经济的黄金窗口：一方面市场对优质AI内容和服务的支付意愿已经被验证，另一方面很多应用场景还处于开拓早期，先行者有望建立品牌和数据优势。当然，随着玩家增多，竞争也在加剧，平台模式能否稳固取决于产品的迭代速度、生态建设和商业模式创新（例如探索广告、分成等更多元的收益模式）。总体而言，生成式AI平台经济标志着AI从幕后走向台前，成为直接面向终端用户并能大规模变现的新物种，它正在激发出前所未有的创业热情与商业变革动力。

智能订阅与微服务商业

传统的软件服务模式正因为AI的加入而发生演化。从一次性授权到SaaS订阅，商业世界已经习惯按月/年付费获取持续更新的服务。而如今，"智能订阅"正成为新趋势——即在订阅模式中融入AI驱动的个性化和按需计费元素。同时，"微服务商业"模式盛行，企业不再提供庞大笨重的单一产品，而是拆分出细粒度功能，通过API或小型工具提供，灵活组合以满足客户需求。Notion、Replit、Runway等一批新兴公司，正以AI为引擎，开拓这一领域的商业创新。

首先来看Notion这家笔记与协作工具的新秀。Notion凭借All-in-One的产品理念吸引了大量个人和团队用户。2023年，Notion顺应AI浪潮推出了内置的智能写作助手Notion AI。这一功能并未免费赠送，而是作为订阅附加服务提供：用户在原有订阅方案上，每人每月支付8-10美元即可解锁Notion AI。换言之，Notion通过"AI增值订阅"成功开辟了全新收入来源。许多团队管理者愿意为员工配备AI助手，以提高文档撰写、会议纪要总结等工作的效率。Notion的定价策略表明，客户愿意为实用的AI功能额外买单，只要价格与价值相称。而对Notion而言，AI服务属于高毛利数字产品，一旦基础模型和功能开发完成，每增加一个付费用户几乎不增加边际成本，从而显著提升了每用户收益（ARPU）。Notion的案例体现了"智能订阅"模式的魅力：通过AI赋能提高产品价值，然后以附加订阅费的形式实现价值变现。

再看Replit，一家主打在线编程环境的创业公司。Replit提供云端IDE供开发者实时编写和运行代码，其特色是方便的共享与部署。然而，Replit并不满足于做工具平台，而是积极引入AI提升开发体验。它推出了名为Ghostwriter的AI编程助手，可以智能补全代码、回答编程问题。这项功能最初通过内部积分"Cycles"收取，相当于每月约10美元即可使用。后来，Replit将其纳入订阅套餐中，比如专业版用户可以无限使用Ghostwriter。这体现了微服务整合的思想：将AI助手作为一个模块化服务嵌入到整体产品中，订阅者可以按需调用。Replit还创造性地引入了使用量计费的概念，如运行代码需要消耗Cycles点数，让重度用户多付费而轻度用户可以低成本使用。这种按使用付费（Usage-based Pricing）的策略在AI领域日益流行。据2025年行业调研，在顶尖的20家AI初创公司中，有17家采用了订阅结合用量计费的混合模式。其原因在于AI服务的成本与使用量高度相关（比如调用模型需要消耗算力），单纯固定订阅价无法覆盖急剧波动的成本。通过基准订阅+超额用量收费，既保证了基础收入又让收费更加公平弹性。例如，OpenAI的API按照每千字token收取费用，使用越多付费越多；又比如AI语音合成服务ElevenLabs按生成字符数收费，内容创作者如果生成大量语音，自然需要支付更高费用。再比如前文提到的Runway——一个提供AI视频编辑和生成的平台，采用"积分"机制收费：用户订阅获得一定量的影片生成时长，超出部分则需额外购买积分。这种模式确保了收费与价值产出挂钩：生成一部1分钟高清视频所耗费的云端算力和资源远高于生成一张小图片，因此按分钟收费更为合理，让重度用户为高消耗买单，而轻度用户则不会因未用完的服务而浪费钱。

"微服务商业"不仅体现于定价层面，也体现在产品的模块化、平台化上。现代创新公司往往选择专注做好一种核心AI功能，通过API开放给他人使用，从而融入更大的生态。例如，有的公司专做语音识别AI引擎、有人专做图像识别模块。终端客户则可以根据需要，将不同公司的AI微服务组合起来，构建自己的业务流程。这有点类似于"乐高式"的商业模式：每家公司是一块积木，开放接口标准化，客户按需搭建出个性化的解决方案。例如，一家电商创业者可以用别人的AI图像识别服务来自动标记商品图片，再用另一个团队的AI推荐算法微服务来个性化推荐商品，支付两边的用量费用，却不用自己开发任何AI。这种服务即组件的思想，大大降低了AI应用的门槛。像Replit和Notion这样的平台也在向开发者开放接口，允许第三方把自家的AI微功能植入平台（例如Notion的插件市场开始出现AI插件）。由此，一个互相协作的AI微服务生态正在形成，每家公司专注自身擅长的AI能力，通过标准API互联，共同为客户创造价值。

案例与启示：Notion和Replit等公司的实践表明，智能订阅和微服务模式能够有效结合AI的技术特性，实现商业价值最大化。对企业来说，引入AI功能不能简单免费奉送，而应设计巧妙的订阅和计费机制，将价值提升转化为营收提升。只要AI确实为用户创造了实际价值，用户乐于为之付费——关键在于定价透明、公平且与使用情况相关联，以赢得用户认同。从行业趋势看，越来越多SaaS公司开始采用"基础订阅费+用量费"的混合计费模式，这既可覆盖AI服务本身的算力成本，又能鼓励用户多用多得、少用少付，提升了客户满意度。另一方面，微服务化使得小公司也有机会在某一垂直AI能力上做到极致并服务广泛客户，而不必大而全。当各类AI微服务通过平台聚合，形成生态，行业创新将会加速。创业者可以思考：自身产品是否有机会拆分出某个AI模块开放给他人？或者能否反过来利用别人的AI服务强化自己的产品？未来的竞争，某种程度上是生态与生态的竞争——单打独斗不如连接协作，共享AI带来的无限可能。

AI驱动的协作经济与自由职业平台

自Uber和Airbnb兴起以来，协作经济（又称共享经济）平台彻底改变了出行、住宿等领域的商业格局。在自由职业和专业服务领域，Fiverr、Upwork、Toptal等平台让全球数以百万计的自由职业者与客户实现高效匹配。在这些自由职业平台上，人工智能正在成为赋能双方、提升效率的新引擎。AI技术贯穿人才匹配、定价、服务交付、信任保障等各环节，为协作经济模式注入了全新的活力。

◆ 人才智能匹配

过去，企业要在海量自由职业者中找到合适人选，如同大海捞针。现在，AI算法使这一过程变得高效精准。以高端自由职业者平台Toptal为例，其卖点之一就是快速为客户匹配顶尖的远程人才。Toptal背后运用了复杂的算法，从候选人的技能关键词、过往项目表现、客户评价等多维度分析，智能筛选出与特定项目要求最契合的候选者。不仅技能匹配，AI甚至还能考虑"软性"因素，如工作风格、沟通偏好、与团队文化的契合度等。更大众化的Fiverr和Upwork等平台同样采用了机器学习驱动的推荐系统。当客户发布一个Logo设计需求时，平台AI会即时从几十万设计师中挑出最合适的几位，考虑了他们的设计风格是否符合客户行业、过往交付速度如何、评价是否出色等等。据德勤2024年研究，68%的自由职业平台已引入AI驱动的智能匹配算法，相比2021年的24%有大幅提升。这带来的结果是：使用AI匹配的自由职业项目，其客户满意度提高了33%。明显更精准的匹配减少了试错成本和沟通摩擦，使得协作交易更顺畅。对于平台来说，AI匹配意味着更高的成交率和留存率；对于自由职业者，则意味着能接到更合适自己专长的工作，减少无效投标。

～

◆ 动态定价与价值衡量

在自由职业市场，如何给服务定价一直是难题。报低了，可能赚不到应得的报酬；报高了，又可能吓跑客户。AI在这方面也大显身手。现代平台通过机器学习模型实时分析海量交易数据，为服务建议最优价格。举例来说，如果一个插画师准备给自己的"卡通头像设计"服务定价，AI会参考过去类似风格插画的成交价、插画师的经验水平、当下需求热度，甚至考虑地域经济差异，给出定价建议。这样既保护新手不至于因为缺乏经验而严重低估自己，也防止客户为简单任务支付过高费用。美国麻省理工学院的一项研究显示，采用AI动态定价机制的平台，项目成交率提升了42%。这意味着更合理的价格预期让双方更快达成一致，不再因为信息不对称而讨价还价过久。对于自由职业者，AI定价相当于一个聪明的经纪人，帮助他们找到"甜蜜点"：既有竞争力又体现自己价值。对于客户，AI保障了他们支付的价格与市场行情一致。长远来看，这种数据驱动的定价建立了更高的信任和效率，使协作经济的每一单交易都更趋近于"双赢"。

◆ **AI辅助服务交付**

AI不仅在撮合交易前发挥作用，在交易进行中甚至交付之后，同样扮演重要角色。Fiverr在2025年推出了名为"Fiverr Go"的一系列AI工具，意在帮助自由职业者利用AI提高交付效率。比如，对于配音演员，Fiverr提供了AI语音模型训练服务：配音演员可以将自己声音特征训练出一个专属AI模型，然后让AI替自己批量合成一些基础台词音频，再亲自润色关键部分。这样一来，接单量大的配音演员就能同时处理更多项目，而不会牺牲质量。又如平面设计师，可以将自己过往的设计稿喂给AI，让AI生成初步的设计草案，自己再基于草案快速修改完成。Fiverr CEO在谈到这一战略时强调："我们的目标是让自由职业者不可替代(irreplaceable)，而非过时淘汰(obsolete)"。平台提供AI工具并非为了取代自由职业者，而是增强他们的创造力和交付能力，让一人可以发挥过去一个小团队的产能，同时保持个人风格和创意。这实际上是在平台生态内实现了"人机协同"：AI负责繁琐重复的80%工作，人类专注最后20%的创造提升，从而既保证效率又保证个性化质量。这类AI赋能的服务模式在自由职业平台上日渐普及，带来的另一个结果是服务新类型的出现——例如，有些自由职业者开始提供"AI顾问"服务，帮助客户定制和使用各种AI工具；还有的将自己定位为"人+AI"混合服务提供者，在简介中注明如何借助AI加速交付、降低价格。对于客户来说，这些都是极具吸引力的新选择。

◆ **信任与安全**

协作经济的基石是信任，AI也在维护平台诚信方面提供了利器。身份验证上，平台运用计算机视觉和生物识别技术识别人脸与证件，防范虚假账号。交流内容上，NLP模型实时监控平台消息，以捕捉诈骗苗头或违规行为。评价系统中，AI可以甄别虚假评论：通过分析评论文字的相似度和发布模式，识别刷好评或恶意差评。一旦发现异常，系统会自动标记审查。据统计，Fiverr和Upwork自引入AI风控系统后，平台上的欺诈和违规事件下降了67%。更安全的环境进一步巩固了用户对平台的信心，鼓励更多企业放心地在线雇佣自由职业者。在处理纠纷方面，一些平台甚至开始尝试AI仲裁：当客户与自由职业者对交付物有争议时，AI模型先读取合同要求和交付结果，给出初步的客观分析，供人工仲裁参考。这减少了人为偏见，提高了纠纷解决速度。

~

◆ 案例与启示

AI对于自由职业平台的意义，不亚于装上了"智慧引擎"。匹配上更精准高效，使人才与需求可以"秒配"；定价上更科学公平，减少交易阻力；交付上更高效创新，赋能服务提供者扩大产能、提升质量；信任上更可靠稳固，为平台保驾护航。以Fiverr为代表的实践证明，AI与自由职业生态并非零和博弈，而是可以相辅相成。那些善于利用AI提升自身服务的自由职业者，反而在竞争中胜出，变得更加不可或缺。对平台运营者而言，引入AI技术是一项战略投资——短期看也许要投入研发和调整流程，但长期看，平台的效率、用户满意度和业务规模都会跃升一个量级。未来的趋势或将是："AI赋能的自由职业者"成为新常态，平台甚至会把AI工具的掌握程度作为评估人才的指标之一。想象一下，一个顶尖平面设计师，既精通设计又会使用多种AI辅助工具，高效地产出作品；一个金牌文案，不仅文字功底好，还会巧妙借助AI灵感激发和语言润色——这些新时代的自由职业者将更具竞争力。同样，传统的人力资源服务也会受到启发，将AI用于企业与灵活用工的匹配。协作经济+AI带来的启示是：当技术为人所用，能够放大人的才能而非替代，人们就会主动拥抱它。企业和个人应顺势而为，学习并善用AI工具，这将在瞬息万变的未来工作形态中立于不败之地。

数字孪生与实时经济

在AI、大数据和物联网的共同驱动下，一个"数字孪生与实时经济"的新时代正加速到来。所谓数字孪生（Digital Twin），是指为物理世界的实体或系统创建一个实时的数字镜像，有了它，我们就能在虚拟空间中监控、分析甚至预测现实世界的运行。结合AI的强大分析和模拟能力，数字孪生正在制造业、零售业、城市管理等领域引发深刻变革，使经济活动从传统的事后反应转向实时感知、即时决策的新范式。

∽

◆ 制造业：虚拟工厂与智能生产

制造业是数字孪生技术最早发力的领域之一。工业巨头们已经开始为工厂、生产线、甚至具体设备创建数字孪生，以实现生产全过程的可视化和智能化。一个经典案例来自BMW集团。这家汽车制造商与英伟达公司合作，利用Omniverse平台构建了BMW工厂的完整数字孪生，被称为"虚拟工厂"。在这个虚拟环境中，BMW的工程师可以模拟生产线布局、人工与机器的协作、物料运输路径等等。过去要验证一款新车型在工厂产线上的可行性，往往需要停线拆设备、进行多次实地测试，费时费钱。BMW通过数字孪生进行碰撞测试（即检查新车型车身是否会在装配过程中与任何设备干涉），原本耗时长达四周、并可能导致部分工厂停工的流程，现在在虚拟环境里用三天就完成了！结果出来后再进行少量实地验证，大大缩短了开发周期。据BMW测算，虚拟工厂有望让其新车型的生产规划成本降低30%之多。这意味着数以亿计的费用节省和产品上市时间的显著提前。不仅如此，BMW的虚拟工厂还在不断进化，引入AI助手来自动优化产线平衡，使用人体模型和AI进行工位的人机工程学分析等等。可以说，数字孪生使制造业进入了"先数字、后实体"的时代——所有改进先在数字世界验证，成熟后再应用到现实，极大提高了精益生产和按需定制的能力。类似的，西门子等公司也提供数字孪生软件，帮助制造企业模拟工艺流程、优化工厂布局。GE航空利用发动机数字孪生进行预测性维护，通过实时监测每台发动机的状态并AI分析，提前预测故障、更换零件，避免了昂贵的停机。这些都使制造业务从被动应对转向主动预防，从人来判断转向算法辅助决策，从而极大降低成本并提高可靠性。

∽

◆ 零售业：实时库存与智能商店

在零售领域，数字孪生和实时数据也开始发挥作用。现代供应链的复杂性和消费需求的多变，使得零售商必须做到对库存、物流、门店运营的实时把控。许多领先零售企业正在打造供应链的数字孪生：仓库货架、运输卡车、门店货柜在数字世界中都有对应模型，联通了来自RFID标签、摄像头、POS机等设备的数据流。以全球连锁超市Kroger为例，它部署了智能货架标签和摄像头，由AI实时监测商品库存和顾客选购行为。当某商品库存低于阈值，系统立即发出补货指令；如果某种商品销量突然上升（例如天气突变导致雨伞热销），AI会建议动态调高价格或从临近门店调货，以平衡供需。据报道，Kroger借助这样的AI动态定价和库存管理，使利润提高约10%，销售提升13%。另一零售巨头亚马逊在其无人商店Amazon Go中，将摄像头和传感器网络形成数字孪生，结合AI实时分析顾客每一次拿起和放下商品的动作，实现了"不排队直接出门"的结算新体验。这种实时经济让消费者体验极大提升——无需等待付款，而零售商也通过AI自动完成库存扣减、销售记录，并获取宝贵的购物行为数据。更前瞻一些，品牌商开始为商场和门店建立三维数字孪生模型，用于虚拟试验陈列方案和动线设计：AI模拟成千上万顾客在不同布局下的行走路线和购买决策，从中找出最优的商品摆放和促销策略。数字孪生与AI的结合，使零售商能够快速响应市场变化，甚至做到"未卖先知"：比如根据社交媒体趋势预测某商品将热卖，提前备货并调整店内陈列。在实时经济时代，零售业的成功不再仅仅取决于过去的销量经验，更取决于对当下数据的及时洞察与行动能力。

◆ 城市管理：智慧城市与城市孪生

如果说工厂和商店的数字孪生已经令人惊叹，那么整个城市的数字孪生则更具雄心。新加坡是这一领域的先行者——它构建了"虚拟新加坡"，一个涵盖了全国建筑、道路、基础设施的高精度3D数字模型。更厉害的是，这个模型与现实实时联通：全岛部署的超过一万个传感器源源不断将数据馈入虚拟新加坡。交通流量、公交定位、空气质量、能源消耗等城市运行指标在数字孪生中实时更新。借助AI对这些数据进行分析和模拟，新加坡实现了对城市的主动式管理。举例来说，2022年新加坡乌节路区域突发暴雨导致内涝风险上升。工程师们立即在数字孪生上模拟了排水系统升级方案，并在一夜之间调整排水阀门配置，成功避免了可能造成的约1500万美元损失。又比如，面对老龄化带来的医疗服务挑战，规划者将医疗设施和人口数据叠加在城市孪生模型中，AI分析发现某些社区是"护理荒漠"——老人步行15分钟范围内没有诊所。为此，政府部署了流动医疗站，并用AI优化巡回路线，结果把救护车响应时间降低了40%。这些都是以数字孪生为工具，结合AI所创造的民生改善成果。新加坡的经验还表明，开放协作对于城市孪生至关重要。它将数字孪生平台向公众和开发者开放，让大家共创应用。例如，市民可以通过一个App查询自己社区的噪音模拟情况，开发者可以利用城市数据开发避堵导航、最佳跑步路线推荐等服务。这种全民参与使数字孪生真正发挥了公共价值。难怪有统计预测，到2030年全球将有500多个城市建设数字孪生。一些早动手的城市已经尝到了甜头：芬兰赫尔辛基把碳排放数据接入数字孪生，帮助规划更有效的减排策略；中国杭州则与阿里巴巴合作打造"城市大脑"，最初聚焦交通治理，效果显著——城市大脑使杭州部分城区交通拥堵下降15%，并将救护车等应急车辆的响应时间减少了一半。如今这一模式已推广至全国多地乃至海外城市。可以说，智慧城市是数字孪生与AI技术的大型集成应用，通过实时指挥交通、分配公共资源、监测环境等，实现城市运行从被动管理向主动优化的转变。

◆ 实时经济：数据驱动的决策革命

数字孪生背后折射出的是一种全新的经济运行逻辑——实时经济。在实时经济中，商业和管理决策基于实时数据而非历史报表，反应周期以分钟秒计而非天周计。这得益于物联网传感器的普及和5G等通信技术的发展，也仰赖AI对海量数据即时分析、自动决策的能力。例如，在金融市场上，高频交易算法每毫秒分析市场动态并做出交易决策；在电力能源领域，电网数字孪生帮助电力公司根据实时用电情况动态调节供给，避免浪费和过载；在物流运输业，货运车队的数字孪生让调度AI能够实时改路线避开堵车、合理分配载货，提升准时率。实时经济强调"时间就是价值"：快速察觉变化、即时采取行动，就能比竞争对手赢得优势或避免损失。特别是在供应链这样的链条式系统中，一个环节延迟决策可能导致全局效率低下。实时数据和AI算法的结合，让供应链管理者可以做到对异常的早发现、早处理，甚至提前预测并规避风险。

◆ 案例与启示

数字孪生与实时经济并非炫技概念，而是已经在多个行业产生了切实价值。BMW用虚拟工厂缩短了新品导入周期，节省巨大成本；Kroger通过实时定价和库存优化增加了利润；新加坡和杭州则用城市孪生提高了民生服务和城市效率。这些成功经验带来的启示是：数据及时性就是竞争力。企业和组织应投资建设自身关键业务的数字孪生，不一定要求多么精细的3D模型，关键是要能实时汇聚数据、进行仿真分析。有了这样的"数字镜子"，决策者可以在安全的虚拟环境里试错优化，然后自信地执行到现实中。另一个启示是人机协同决策的重要性。实时经济下，人不可能也没必要亲自处理每秒涌来的数据，必须依赖AI帮我们提炼信息、甚至做出自动反应。但人也并非被排除在外，而是将目光和精力放在更高层次的策略上。比如制造业中AI可以自动纠偏生产参数，但何时引入新工艺由工程师决定；城市交通信号可由AI实时调控，但整体交通政策仍需人制定。展望未来，随着5G、物联网进一步普及和算力价格下降，实时经济将从尖端企业走向普遍应用。届时，商业竞争将更强调对瞬息万变的数据捕捉和反应速度。今天敢于尝鲜数字孪生的企业，就是在为明天的竞争打造先发优势。对于尚未行动的企业管理者来说，现在正是考虑启动数字孪生和实时数据平台建设的时机，否则五年后可能就要在赛道上追赶他人了。

数据即资产与AI原生商业

在AI时代，有一句话广为流传："数据是新的石油"。这意味着，在现代商业中，数据本身已成为最重要的资产之一，可以被挖掘、交易和变现。与之相伴，出现了一批"AI原生"的商业模式和公司——它们从诞生之初就将数据与AI融入业务核心，凭借对数据的深度运用获取竞争优势。Palantir、Snowflake等即是其中的杰出代表，它们不仅自身创造了可观的商业价值，也帮助其他传统企业实现了数据资产化和智能化运营的转型。

◆ 数据资产化：从沉睡的数据到金矿

很多企业其实坐拥海量数据，但过去往往将其视为IT副产品，缺乏系统的管理和利用。现在，"数据资产化"理念得到广泛认可，即把数据像管理资产一样管理：清洗、整合、分析，并通过共享或交易发挥价值。云端数据平台公司Snowflake的崛起正是受益于这一趋势。Snowflake提供了一个云数据仓库和交换平台，让企业能够方便地存储各类数据，并安全地与合作伙伴分享。这催生出数据市场的商业模式：企业可以在Snowflake的Marketplace上出售或交换数据集。例如一家零售商可以购买气象数据来优化商品备货，反过来该零售商也可以将自家的销售数据匿名后出售给市场调研公司。Snowflake从这些数据交易中抽取服务费，相当于扮演了"数据资产经纪人"的角色。许多Snowflake客户报告，他们通过数据共享降低数据获取成本、高效找到了所需的外部数据源。例如美国一家营销公司BVK将广告相关的海量数据统一到Snowflake云中，结果数据使用成本降低了接近75%，每年节省了数十万美元。同时，他们还能将整合后的数据洞察作为增值服务提供给客户，实现数据变现。这个案例表明，曾经分散在各处、格式不一的数据，一旦集中并标准化，就成为了可以反复利用的资产，甚至创造全新的收入流。而Snowflake正是靠帮助别人的数据资产化而成就了自己的商业帝国：截至2025年，其平台上汇聚了数千家数据提供方，数据集涵盖金融、人口、地理、物联网等方方面面，俨然成为数据交易的"App Store"。数据资产化的另一个面向是数据驱动决策的深度渗透。企业不再仅凭经验或直觉做决策，而是以数据分析结果为依据。AI在这里扮演分析师甚至顾问的角色：通过机器学习模型从数据中发现模式和机会。例如某连锁餐饮公司通过AI分析大量营业数据，发现天气、社交媒体评价等因素对客流的影响，从而调整营销节奏。这些实践都体现出数据作为资产在企业运营中发挥的战略作用。

◆ AI原生商业：Palantir的故事

谈到数据资产和AI，有一家传奇公司不得不提——Palantir。这家创立于2003年的公司可以说是"AI原生"的先驱，其信念是"让数据说话"，帮助客户从海量复杂数据中提炼智慧、指导行动。Palantir最初服务于国防和情报领域，后来拓展到企业级应用。它提供的平台（如Palantir Foundry）

本质上是一个强大的数据融合与分析操作系统，企业可以将各个业务系统的数据接入，Palantir帮助建立起语义模型和数字孪生，然后运用AI和算法分析支持各种业务决策。举一个Palantir在制造业的经典案例：空客（Airbus）公司的A350客机生产。2015年左右，Airbus正为如何大幅提升A350产量而犯难——A350由超过1500家供应商提供的数百万个零件组成，供应链和生产计划极其复杂。Airbus引入Palantir的团队，在短短一年内开发了一个覆盖供应链、生产、质量等的数据平台Skywise，把过去分散在各部门的数据库连成一片，大到供应商交付进度、小到每颗铆钉的质检结果都尽收眼底。然后他们在此基础上应用AI算法优化生产流程。结果显著：Airbus成功将A350产能提高了33%，交付速度大增；同时生产成本也显著下降，有传闻称借助Palantir平台，Airbus将每架A350的制造成本削减了30%之多。这无疑为Airbus节省了数十亿美元，并使其在与波音的竞争中赢得优势。Palantir通过这一战例向工业界展现了数据+AI的威力：很多看似棘手的问题，其实深藏在数据的蛛丝马迹中，一旦将数据贯通并加以智能分析，就能找到突破口。从商业模式上看，Palantir并不卖软件许可证，而更像卖"数据解决方案"。它通常与客户深度合作，针对特定难题定制分析模型和应用界面，然后通过长期合约收费。由于Palantir的系统一旦融入客户业务，就很难替换（数据和流程都绑定在上面），因此客户续约率极高，业务极具黏性。这形成了Palantir独特的商业护城河：一旦拿下行业龙头客户，后者源源不断的数据需求和新场景会带来持续收入，并不断训练Palantir的算法使其更强大。

◆ **AI生态与行业重构**

数据即资产和AI原生商业的概念，还催生出各行各业的新生态系统。一个典型例子是金融行业。以往金融机构守着自己的数据，不与外界分享，视其为机密。但现在，为了提升风控和营销效果，银行、保险公司开始通过数据平台与征信机构、电信运营商、电商平台交换数据（在合法合规前提下），形成数据联盟。例如一家公司申请贷款，银行可以通过数据交换获取该公司在供应链平台的交易数据、在税务系统的纳税记录，从多维度评估信用，大大提高了贷款审批的准确性。这种跨界的数据协作在AI帮助下实现自动化匹配和风控。美国AI金融公司Upstart就是依靠这种思路颠覆传统信贷业务的代表。Upstart开发了智能贷款审批模型，引入上千个数据变量（包括教育背景、工作经历、社交数据等）替代单一的信用分数，结果使贷款审批率提高了27%，同时违约率反而降低16%。数据维度的增加和AI模型的精细预测，使得"多放贷、放好贷"成为可能。这对传统银行的风控模式是巨大冲击，也迫使它们拥抱类似的数据资产化策略，否则就会在竞争中处于劣势。再看医疗健康行业，数据资产化和AI也在重塑业务模式。医院过往积累了无数医学影像、检验结果、病历文本，这些数据常常散落在不同科室系统中未被善加利用。如今，医疗AI公司们争相与医院合作，建立统一的数据湖，然后训练AI模型辅助诊断。由此诞生了"AI影像中心""AI实验室"等新形态：医院按年订阅AI诊断服务，每当有新的X光片或切片图像，AI会给出初步诊断意见供医生参考，提高诊断速度和准确率。一些放射科已经报告，借助AI筛查，医生工作效率提高了几十个百分点，更早发现了微小病灶，从而挽救了生命。医疗数据也成为宝贵资产：匿名化的患者数据可以用于药物研发中的真实世界研究，保险公司通过获取健康数据来定制个性化保险产品等等。这一切建立在数据共享与AI赋能基础上，新型合作模式层出不穷。

∾

◆ 案例与启示

数据即资产与AI原生商业告诉我们：掌握数据并善用AI者得天下。Palantir的成功说明，围绕数据构建的平台型解决方案可以产生巨大的商业价值，特别是在数据复杂度高的行业，一个好的数据平台就是企业的大脑和神经中枢。Snowflake的兴起则表明，充当数据"基础设施提供商"和"交易市场"的商业模式行得通，数据分享的需求将越来越大。对于传统企业管理者来说，一个重要启示是要改变观念：不要再把数据当做IT部门的负担，而要当成战略资产来经营。这意味着需要投入整理数据、建立数据治理机制，甚至考虑将部分数据变现或与伙伴共建数据生态的可能性。同时要认识到，仅有数据还不够，必须借助AI才能释放数据的全部潜能。AI算法就像炼油厂，把原油般的生数据提炼成决策洞见的燃料。因此，培养数据科学和AI人才、引入合适的AI工具，是实现数据资产价值的必由之路。未来展望来看，我们会看到更多"AI原生"公司在各行业涌现：它们也许不拥有硬资产、不生产具体商品，但凭借对数据的整合和算法能力来颠覆传统玩家。比如在农业领域，可能出现专门做农田数据与AI种植决策的平台公司，帮助千万农户优化产量并从中收费；在法律领域，AI原生公司可能通过整合法院判例和合同数据，为律所提供诉讼策略建议并参与收益分成。无论在哪个行业，拥抱数据与AI、构建属于自己的数据资产池并善加利用，都将成为企业竞争力的重要组成部分。

AI辅助的去中心化组织与DAO模型探索

当我们把目光投向未来商业模式的边缘地带，有一个概念极具前瞻性：去中心化自治组织（DAO）。DAO源自区块链和加密货币世界，指的是一种规则写入智能合约、由社区共同管理、自治运行的组织形态。简单来说，DAO没有传统自上而下的管理层级，所有决策由持有代币的成员投票决定，资金由智能合约自动执行支出。乍看之下，DAO似乎与AI不相干，但其实AI有望成为DAO演进的重要推动力。当前一些先锋实践和理论探索，正在尝试把AI引入DAO的治理和运作之中，创造全新的去中心化商业模式。

～

◆ AI辅助治理决策

DAO的决策通常通过成员投票达成，但当组织规模庞大、提案众多时，人们难以及时全面地了解每个提案的背景、利弊。AI可以充当"治理助理"的角色，帮助DAO成员高效决策。例如，NLP模型可以被训练用于自动阅读提案内容、汇总关键要点、分析正反观点，提供简明的报告给成员参考。这样一来，即使一个提案有几十页的讨论帖，成员在投票前也能借助AI几分钟内了解重点，不错过重要信息。一些DAO已经在论坛上部署了简报机器人，定期总结最近的提案动态。更进一步，AI还能根据每个成员过往的投票偏好，智能推荐他们可能感兴趣的提案或提供个性化分析。这类似于新闻推荐系统，但应用在DAO治理领域，让参与者精准高效地参与治理。此外，针对那些高度专业性的提案（比如一个技术升级方案），DAO可以引入专家系统AI模拟不同方案的结果，让成员直观比较影响。通过人机协同，DAO的集体决策有望既保持民主性，又显著提升质量和效率。

～

◆ 自主代理与去中心化AI组织

一个更具颠覆性的构想是，将AI视为DAO的成员，甚至让AI成为DAO本身！在这个思路下，可以诞生所谓"AI DAO"，即AI系统在区块链上拥有自主权和资产。设想一种情境：一台无人驾驶汽车被设计成一个DAO，它自己拥有一个加密钱包和智能合约。当有人使用这辆车提供的载客服务时，乘车费直接支付到车控制的DAO资金库中。然后，这个AI DAO会自主决定资金用途，比如定期支付充电和维护费用、升级传感器，甚至如果资金足够多，还可以"雇佣"人类服务（如请清洁人员打扫车内卫生）——这一切都按照预先设定的智能合约规则自动执行。在这个过程中，AI扮演了车辆运营者的角色，而且是不依赖人类直接干预的。这听起来像科幻，但技术上并非不可及：区块链提供了资产托管和合约执行环境，AI提供了感知和决策能力，两者结合就能形成一个自主经济体。有人将这形容为"让AI有了银行账户和法人地位"，意味着AI可以直接参与经济活动。这样的AI DAO如果出现，将彻底挑战我们对企业和组织的传统定义——过去的企业一定有自然人法人，而未来可能出现以AI为大股东或唯一执行者的组织。值得注意的是，这种AI DAO的出现还涉及法律和伦理的复杂问题：我们需要讨论AI能否拥有"数字人格"，当AI造成损害时责任如何划分等等。但有前瞻观点认为，某些公共利益AI项目可以尝试DAO治理，如开源AI模型的开发由全球社区以DAO形式民主管理，让AI朝着利于人类的方向发展，而不是掌握在少数大公司手里。尽管目前这仍是设想，但AI与DAO结合所激发的想象，已经让我们看到去中心化组织的新可能。

～

◆ AI协同的去中心化自治公司

当前也有一些项目尝试将AI代理用于不同DAO之间的协作或自治运营。例如，由Ocean Protocol创始人提出的"群体智能Swarm AI"概念。简单来说，就是让多个简单AI代理各司其职，共同管理一个DAO或跨DAO事务。举个例子，一个投资类DAO希望在DeFi市场上实现自动化理财，那么它可以部署若干AI代理：一个实时监控加密市场价格波动，另一个负责自动执行套利交易，还有一个根据社区规则来生成新的投资提案。它们各自不算超级智能，但分工合作就能比较全面地自主运作投资策略。如果再把这种模式扩展，多个关注不同领域的DAO之间也可以通过AI代理互通信息、互相投票支持对方的提案，从而形成一个更大规模的自治网络。这类似于蜂群，每个蜜蜂（AI代理）作用有限，但群体展现出涌现智能。对于复杂的全球性议题，比如气候变化，我们甚至可以设想让相关DAO之间通过AI代理共享数据和联合决策：环境监测DAO的AI自动将雨林砍伐数据提交给气候行动DAO，后者的AI参考这些数据提出新的碳减排提案并代表投票支持。这种跨组织的AI协同，将突破单一组织的边界，打造真正全球协作的自治网络。

～

◆ 案例与启示

目前AI与DAO的结合还处于初期和实验阶段，但趋势已经显现：未来的组织形态可能比我们今天所见的更加多样和智能。AI可以成为人类组织的帮手，解决信息过载和专业壁垒问题，确保去中心化治理既民主又高效。对于DAO实践者来说，引入AI工具是顺理成章的一步：当社区规模扩大，AI是帮助管理海量信息的唯一可行方案。而对于传统企业和组织，这一趋势也提供了启发——未来企业管理或许可以汲取DAO+AI的优点，例如更加透明公开的数据、更扁平的决策结构以及更智能的辅助系统。想象一下，公司内部重要决策时，AI自动向每个员工推送简明信息和模拟结果，然后员工投票决策，公司照办执行，且过程写入区块链不可篡改。这样的"企业DAO化"也许听起来激进，但不妨作为一个思维试验提前考虑。Web3与AI的融合带来的启示在于：技术正在不断赋能人类组织从中央集权走向自治协同，从而释放群体智慧的更大潜能。创业者和创新者应当关注这方面的发展，提前布局。例如，可以开发专注DAO治理的AI工具，或者创建某种AI自治服务，用DAO的模式运营。如果说互联网塑造了平台经济时代的公司架构，那么区块链和AI的结合可能塑造下一个时代——在那里，"公司"可能不再由人来完全掌舵，而是人与智能代理共同协作的自治网络。这无疑是充满挑战但又令人兴奋的蓝图。

AI在传统行业商业模式重构中的应用

人工智能的影响是全方位的，对于那些并非生来前沿高新的传统行业，AI同样在重塑其商业模式和价值创造方式。无论是SaaS软件、金融服务、教育培训，还是医疗健康等领域，AI技术的渗透都引发了行业范式的变迁。传统行业+AI，往往并非简单地提高效率，而是带来业务模式和盈利逻辑的深层调整。本节我们将探讨几个典型行业，在AI赋能下如何进行商业模式的重构，并结合具体公司案例说明AI应用的实战价值。

≈

◆ SaaS软件：从功能售卖到智能增值

在企业软件领域，SaaS模式已成为主流：软件按订阅收费，不断提供更新迭代服务。AI的加入，使得SaaS公司有机会跳出"提供工具功能"的框架，转向"提供智能解决方案"的更高层次，为客户创造新的价值，从而也开辟新的营收来源。最显著的例子来自微软等巨头。微软在其Office办公套件中引入了AI助手Copilot，这个AI可以阅读用户文档并提供草稿、制作PPT大纲、分析Excel数据等。微软将Copilot作为高级功能单独定价，每位企业用户每月收费高达30美元——这个价格接近Office 365基础订阅费的两倍之多！尽管价格不菲，大量企业仍表现出浓厚兴趣，因为他们相信AI助手能极大提升员工生产力，其带来的时间节省远超30美元的成本。微软此举实质是通过AI为成熟产品赋予新价值，实现营收的跃升。可以预见，其他SaaS厂商也会纷纷效仿这一模式。例如，CRM领域的Salesforce推出了Einstein AI，帮助销售人员预测客户行为、推荐销售动作；人力资源SaaS软件Workday整合了AI，用于简历筛选和员工流失风险预测，为HR部门提供洞察。这些AI驱动的增值功能往往作为升级版或附加模块收费，形成"基础订阅+智能附加"的模式。另一方面，SaaS产品本身也因为AI而变得更具网络效应和数据优势：随着客户使用AI功能，他们的数据反哺模型，使模型对该行业理解更深入，进一步提升服务质量。这种良性循环会使领先的AI赋能SaaS形成强者恒强的局面。因此，在SaaS行业，AI正在引发价值定位的转变——公司不再仅卖软件工具，而是卖"经验"和"智慧"（通过AI体现），由此商业模式也从一次卖出工具转为持续提供洞见和优化建议的服务。例如，一款项目管理SaaS或许未来主要价值不是让用户记录任务，而是靠AI分析数百个项目的数据后告诉你如何更好地安排计划、哪里可能延期等，并为此收取咨询服务般的费用。对于传统SaaS玩家来说，这是挑战也是机遇：不拥抱AI，产品可能被贴上"过时"的标签；积极拥抱AI，则有望大幅提高客单价和黏性，甚至开拓新的市场（比如中小企业也愿意为了AI智能建议而购买专业版）。正如有人所说："每一个SaaS产品都值得重新用AI做一遍。"这预示着一个行业的整体重构。

◆ **金融服务：智能风控与个性化定价**

金融业一直走在技术应用前沿，对于AI更是投入巨大，因为在金融这个"数据＋决策"的行业，AI简直是量身定制的利器。AI已经在金融多个业务线重塑商业模式。前文提及的信用贷款领域，Upstart等公司用AI模型取代传统评分卡，显著提高了贷款覆盖面并降低风险。这实际上改变了银行放贷的商业模式——从过去偏保守的"筛掉可能违约者"，变成在AI支持下大胆"发现被低估的好客户"，以获取更多利息收入。简而言之，AI让金融机构敢于做以前不敢做的生意，因为风险把控更有谱了。不止贷款，保险行业也在因AI改变运营逻辑。车险公司通过AI图像识别自动定损理赔，可以极速处理小额赔案，这使他们能够推出按需保险、短期保险等新产品，因为处理成本降了，短期小额保单也划算可行。健康险公司用AI分析可穿戴设备数据，可以推行行为定价模式：鼓励客户健康生活（比如每天走满一定步数）就降低保费，实时调整。这种模式在没有AI实时分析时是难以执行的。投顾理财领域，机器人顾问(Robo-advisor)已让大众投资业务从人工咨询转为自动化资产配置，如Betterment、Wealthfront等服务根据用户风险偏好和目标，由AI算法自动投资组合，并持续调整。这种服务因为成本低廉，采用极简收费（如按资产的0.25%年费）模式，却通过规模效应盈利，并迫使传统理财顾问降低收费或提升服务以应对。金融市场交易中，AI算法交易更是成为主角，占据了相当交易量，使得券商等的商业模式从赚取佣金转为赚取技术和速度溢价。总之，AI在金融业推动的是从经验驱动转向数据驱动、从人工判断转向模型判断的范式迁移。这意味着金融机构必须大量投资技术并重塑人才结构（更多数据科学家，减少基层审核人员），同时在商业模式上更强调科技服务和生态，例如银行开辟开放API让金融科技公司接入，自身从提供终端服务转为提供金融基础设施。不适应这一变革的传统机构，可能会被灵活的金融科技公司抢占市场。

∽

◆ 教育培训：个性化学习与规模定制化

教育行业过去常被批评为工业化生产，一个班几十人上同样的课，教学难以顾及个体差异。而AI的到来有望真正实现个性化教育，从而改变教育服务的提供方式和商业逻辑。一个显著案例是可汗学院（Khan Academy）推出的AI学习助手"Khanmigo"。作为非营利教育平台，可汗学院与OpenAI合作开发了基于GPT-4的教学助手，让学生在学习过程中随时向AI提问、获取提示，甚至让AI扮演对手来进行问答互动。在小规模试点中，学生对这种AI辅导表现出极高的参与度，有些原本害羞不敢问老师的问题，可以放心地问AI；AI还能根据学生水平调整解释难度。教育行业的商业模式，一直在平衡质量与规模：一对一家教质量高但贵且不可规模化，大班课成本低但质量一般。AI辅导打破了这个矛盾：它可以像一对一那样交流，但成本几乎可以忽略（AI可以同时服务无限多个学生）。这使得教育机构能够以相对低廉的价格提供"准个性化"的教学服务，从而吸引海量学生，同时保证较好效果。许多在线教育平台已经闻风而动，引入AI教师、AI助教。例如国内有初创公司推出AI口语陪练，每月几十元让学生每天和AI练习对话，原本这类服务请真人外教费用是其数倍。又比如一些K12教育软件上集成了AI解题助手，学生拍照提交难题，AI不仅给出答案还一步步辅导思路，这等于为每个孩子配了一个私人导师，且服务可以24小时随叫随到。对于教育机构来说，这意味着可以拓展服务边界：不再局限于课堂教学时间，而是提供课后AI答疑、学习路径规划等增值服务，形成订阅或会员制。收费模式也可能发生转变——过去按课程收费，现在可能按时间或使用量收费，比如按月订阅获取AI陪练不限次使用。值得一提的是，AI在教育中的成功应用还有一个前提：内容资产的数字化。大量教材、题库、多媒体教学素材需要作为训练AI的基础。为此，不少教育公司投入整理数字教材、构建知识图谱，这本身也成为一项资产，可以授权给别的AI平台使用变现。教育工作者的角色也在转型，更像"教练"或"策划者"，设计学习方案并监控AI辅导效果，而具体执行由AI完成。这将带来教师技能要求和培训的改变。总体而言，AI让教育这个传统领域看到了大规模个性化的希望：未来也许每个学生的学习路线都是独一无二的，由AI实时调整最优化，教育机构的职责是提供平台和资源而非"一刀切"的进度安排。这将深刻改变教育服务供给的形态，新的商业模式会围绕学习数据展开：谁掌握了学生的学习数据并善用AI，就能持续为学生提供价值并拓展商业机会（如基于学习数据推荐课程、升学指导等）。

～

◆ 医疗健康：从治疗为中心到预防与管理

医疗行业以往的商业模式很大程度上以治疗为中心，按服务或药品收费，缺乏对健康的连续管理。而AI有潜力推动医疗从"治病"转向"防病"和"管理"，催生新的医疗服务模式和价值链。首先在诊断环节，AI正在赋能医生，提高诊断准确率并节省时间。例如放射科AI：许多医院部署了肺部CT影像AI筛查系统，可以提早几年发现肺结节，检出率比人工读片大幅提高。这些系统有的由医疗科技公司按每次使用收费，有的是医院自己开发整合到服务中免费提供，但无论哪种，都在改变医疗服务流程——医生从亲自查看每张片子，变为重点复核AI标记的可疑片子。这提高了科室效率，使得医院可以接诊更多病人，或者同样病人配置下开拓远程阅片等新服务。其次在患者管理方面，AI助力个性化医疗和远程医疗蓬勃发展。例如糖尿病管理平台通过AI分析连续血糖监测仪的数据，实时向患者和医生发出预警、调整用药建议。以色列的一家公司开发了AI营养师应用，指导糖尿病患者饮食，按月订阅服务并且配套销售个性化营养包。再如精神健康领域，AI聊天机器人（如Woebot, Wysa）可以充当24/7的心理辅导，一些心理咨询机构把这类AI作为辅助手段提供给客户，形成"AI+真人"结合的咨询套餐，降低了服务成本和门槛。AI在新药研发上也改变了以往高投入长周期的模式。过去一款新药从发现到上市平均耗时10年以上、成本数十亿美元。现在AI药物设计平台能够在几个月内筛选出有前景的化合物并优化，大幅压缩早期研发时间。

2020年，Insilico Medicine公司宣布用AI发现了一种用于肺纤维化的新药分子，从靶点确认到候选药物进入动物试验仅用了18个月，比传统方法快了数年。更惊人的是AlphaFold2模型在2021年解决了蛋白质折叠问题，免费提供了上亿种蛋白的结构，这相当于为药物研发提供了一个巨大的知识宝库。制药行业可能因此商业模式生变：原研巨头开始与AI公司深度合作，甚至按AI里程碑支付款项或分享利润，让AI成为研发流水线的一部分；同时，小型AI制药公司凭技术优势也能开发候选药物然后授权给大药厂，走轻资产路线。医疗健康正逐步从以治疗为主、单次收费，转向全生命周期健康管理、按效果付费的模式。在这一转型中，AI是关键推手。例如美国一些保险计划和医疗机构试行"价值医疗"支付，即根据患者健康改善程度付费而非治疗次数，那么他们就非常依赖AI来进行早期预测和干预，避免昂贵的并发症发生。这样的模式下，医疗服务提供方反而有动力保持患者健康，卖方和买方目标一致了，而AI提供了实现这一点的工具（如慢病的预警管理系统）。因此，可以预见预防医学和数字疗法会成为医疗领域的新赛道：企业为个人或企业客户提供持续的健康AI监测、防病干预，可能采用订阅或签约制收费。这与传统医院等靠看病次数赚钱截然不同，是对商业模式的根本性重构。

◆ 案例与启示

不同传统行业的种种探索共同说明了一个道理：AI并非只属于新兴科技企业，它同样是传统行业凤凰涅槃的催化剂。SaaS公司借AI实现了从卖工具到卖智能的升级，金融机构用AI扩大服务边界与降低风险，教育领域AI让大规模个性化成为可能，医疗领域AI驱动从治病到防病的转变。这些变化的核心在于：AI让"规模化"与"定制化"这对昔日矛盾得以统一，让"高效率"与"高质量"可以兼得。例如教育中，一对一辅导和大班课优缺点皆有，而AI辅导有机会同时做到因材施教又服务万人。企业应该看到，在AI加持下，可以去尝试以前由于成本或技术不可行的商业模式。例如银行可以为以前不服务的人群提供小额贷款、教育机构可以考虑按学习效果收费、医疗可以推出包年健康保障计划等等。这需要突破旧有的思维定式，重新评估AI带来的边际成本降低和价值提升，从而勇于设计新盈利模式。当然，转型并非易事，行业监管、客户接受度、内部能力都需要考量。尤其对于大型传统机构，导入AI往往意味着组织结构和人才的调整：引进数据科学团队、培训原有员工掌握AI工具、可能减少某些岗位等。这不仅是技术决策，更是战略和管理决策。然而，历史经验表明，技术驱动的商业模式变革一旦发生，就很难逆转——正如电商兴起重塑零售、互联网银行冲击传统银行一样。AI时代，各行业的领先者将是那些及早拥抱AI、勇于探索新模式的公司，而迟滞者可能被新的玩家赶超。对于个人专业人士也是如此：医生、教师、理财师如果不善用AI，可能会被用AI的同行甩开差距。所以，我们应秉持开放心态，积极试验AI在业务中的应用，通过小规模试点验证效果，再逐步扩大。超级公司的养成，正是在于能引领这样一次次变革而非被动跟随。

纵观本章所述，从生成式AI平台，到智能订阅、协作经济、数字孪生、数据资产化、AI+DAO以及传统行业的重构，各种新商业模式如雨后春笋般涌现，背后都有AI技术作为核心驱动力。这些模式有的已经开花结果，成为当下的行业标杆，有的还在孕育探索，指向未来的无限可能。对于企业家和管理者来说，最大的启示莫过于：AI时代的商业竞争，不仅是产品和技术之争，更是商业模式与生态之争。能否抓住AI带来的新价值节点，及时调整甚至颠覆自己的商业模式，将决定企业能否成为"超级公司"行列的一员。在这个过程中，我们需要兼具洞察力与行动力——洞察技术趋势如何改变价值创造与传递，勇于在实践中大幅拓展业务边界。AI赋予了个人和组织前所未有的力量，也带来了层出不穷的新课题。本章的案例和分析，希望为读者提供启发和参考，在AI洪流中找到适合自身的航道。可以肯定的是，新商业模式的崛起才刚刚开始，未来属于那些乘风而上的探索者。

3

第三章 全球化2.0时代的
本地制造与柔性生产革命

"在一个变化的世界里，最大的危险不是变化本身，而是仍然用过去的逻辑行事。"

—— 彼得·德鲁克（PETER DRUCKER）

引言：重塑全球化的车间

夜深人静，一座位于北美内陆的小城工厂内却灯火通明。生产线上没有拥挤的人群，取而代之的是井然有序运转的机械手臂。AI控制系统24小时守护着设备，各种传感器将实时数据上传云端。忽然，一条紧急订单从欧洲传来，AI大脑瞬间重排生产计划：不到8分钟，新订单所需的产品已切换上线。这一幕看似超乎想象，却正在全球各地的"未来工厂"中上演。本地制造不再意味着低效和高成本；在AI的赋能下，即使在高工资的发达国家，小型工厂也能灵活地响应全球市场需求。全球化2.0时代，技术正在重塑制造业版图，"在家门口生产，向全世界交付"成为新趋势。在本章扩展部分，我们将聚焦这一变革：解析地缘与产业格局巨变下本地制造的崛起，探讨AI如何赋能"灯塔工厂"实现柔性生产，并通过多个案例揭示不同地区本地制造能力的进化路径。每节末尾，我们还将总结管理启示，助力企业管理者和政策制定者把握这场革命的战略机遇。

全球化2.0：去全球化的假象与合作新局

~

◆ 从"去全球化"到供应链重构

过去几年，贸易摩擦、地缘冲突此起彼伏，"去全球化"的声音不绝于耳。但深入审视数据，会发现全球经济联系并未中断，只是以新形式在重组。以美中贸易为例，尽管美国对华商品加征关税、鼓吹供应链"脱钩"，但双方贸易额不降反升：2022年中美货物贸易额达到6906亿美元，创历史新高，超过贸易战前水平。美国从中国的直接进口占比虽下降，但通过越南、墨西哥等"友岸"国家转手的商品中，大量零部件仍来自中国。换言之，全球产业链并未解体，而是在调整路径。正如有学者所言，当下情形更像是"去全球化的表象下，孕育着全球合作的新安排"。各经济体依然在寻求新的分工模式：美国和盟友推动"友岸外包"，试图将关键制造迁回友好国家；亚洲内部则通过RCEP等协定深化区域一体化，构建更紧密的供应网络；非洲也在推进非洲大陆自贸区

（AfCFTA），希望整合内部市场，为承接全球产业转移做好准备。表面上阵营对立加剧，实则各国都在为全球化2.0布局新的合作框架。

∽

◆ 供应链安全与区域一体化

全球化2.0的一个鲜明特征，是在全球协作的底色上强调供应链安全与弹性。新冠疫情和地缘政治冲击让企业痛感过度集中的风险，"把鸡蛋分开放在多个篮子里"成为共识。许多跨国公司开始实施"China+N"策略，在保留主要生产基地的同时，于东南亚、南亚、东欧、拉美等多地增设工厂，以分散供应中断风险。例如，一家电子企业或许以前90%的产能集中在中国，如今会考虑在越南或印度新建生产线作为备份。一旦某国发生停摆，有多区域布局的公司就能快速启动备用产能。与此同时，区域一体化提供了新的机会窗口：东亚的RCEP覆盖全球约三分之一的人口和GDP，实施后中国与东盟贸易快速增长，区域供应链更为紧密；非洲自贸区的推进则为当地创造出14亿人口的大市场，降低跨境生产要素流动壁垒。这些区域合作让企业可以更便利地在区域内布局、优化本地供应链，在区域市场获取确定性。同时，也需要应对不同区域监管和标准差异带来的挑战：高科技领域的出口管制、数据与隐私法规的本地化等，都要求企业具备多标准合规运营能力。全球市场仍在，但游戏规则正在重写。

∽

◆ 管理启示：在变局中锚定趋势

对于企业管理者而言，"去全球化"的喧嚣背后实则孕育着全球化重构的新机遇。首要启示是在不确定中寻找确定：读懂数据和政策信号，认清全球市场并未消失，而是分化为若干区域板块。管理者应积极顺应供应链区域化、多元化布局的趋势，提早规划跨区域生产网络，提升供应链弹性。同时要密切跟踪各主要经济体政策走向，练就"多制衡"合规能力。全球化2.0不是退潮，而是换道——企业唯有提前踩准新规则的节拍，才能在新的国际分工格局中占据优势位置。

AI引领本地制造的复兴

～

◆ 智能制造让高成本地区重现工厂烟火

曾几何时，"本地制造"对于跨国公司而言几乎是一个过时的概念——追逐更低的劳动力成本，将工厂外迁到地球另一端，是全球化1.0时代的常态。而今，AI技术正扭转这一局面。在北美、欧洲等高成本地区，借助智能制造技术，工厂正在经历一场沉寂后的复兴。在美国中西部，一家无人化工厂漆黑的车间内，机械手臂日夜不停装配零件，AGV小车自动穿梭搬运物料。通过机器视觉和深度学习算法，这座"黑灯工厂"实现了人力减少90%以上的高度自动化，仅有少数技术人员远程监控。类似地，在欧洲的"灯塔工厂"中，生产线上布满传感器和机器人，先进算法优化每一道工序：预测性维护避免设备停机，强化学习的调度系统将排产响应从48小时压缩到2小时，就连工厂的能耗也由AI动态调节优化。这些技术突破使得发达国家的工厂可以"无人也高效"——即便人工成本高昂，通过AI驱动的自动化和优化，同样能实现低成本大规模生产。更重要的是，本地工厂贴近消费市场，减少了长途运输和库存积压。一旦市场有风吹草动，本地生产可以即时响应调整。AI让制造业重新有底气扎根本土，发达经济体的制造业占比正在止跌回升，被视为"再工业化"的重要信号。

例如，海尔在中国青岛建设的互联工厂中，随处可见智能机械臂在装配线上高效运转（上图）。该工厂部署了数万个传感器为设备赋予"智慧大脑"，大型装备自动化率超过70%，实时采集的海量数据支撑着柔性生产系统有序运转。从一张铁皮到一台洗衣机成品，仅需30多分钟便可下线。生产过程中的关键参数由AI精准管控，确保每个零部件的质量达标。这种高度智能化的本地制造，不仅效率惊人，还兼具弹性：面对个性化定制订单，生产线能够快速调整，实现多型号混线生产而无明显损耗。正如现场工作人员所介绍的，来自全球各地的订单在大屏幕上滚动更新，每一笔订单都按用户所需被个性化生产。这意味着无论消费者身在何处，他们的定制需求都能由就近的智能工厂迅速满足。本地制造不再以规模取胜，而是以柔性取胜——柔性越高，越能快速响应市场变化，实现"小批量、多品种"的生产模式。

～

◆ 实时数据驱动的柔性供应链

AI对本地制造的赋能，并不止步于工厂内部，还延伸到整个供应链网络。传统供应链往往呈线性层层传递，一旦需求变化，信息滞后会产生"长鞭效应"导致库存过剩或短缺。而在AI时代，供应链正在向网状的动态系统转变。通过IoT传感器和数字平台，企业能够实时获取从原材料供应、工厂生产到物流运输的全链路数据。AI算法则充当供应链"大脑"，分析多源数据进行智能决策：预测需求方面，AI模型融合社交媒体趋势、天气、销售记录等信息显著提高了预测准确率。例如联合利华借助AI分析多维数据，将需求预测误差从12%降至6%，库存周转率提升25%。调度方面，AI系统优化库存分配与运输路径，自动协调仓储和物流资源；亚马逊的RoboRunner系统可同时调度10万台机器人协同作业，让仓储运营成本降低40%。更惊人的是，生成式AI甚至被用于模拟供应链中断情景，提前为极端风险做准备——麦肯锡开发的工具可生成各种突发事件场景，确保98%的极端风险情形都有预案。这些AI驱动的供应链创新，使得本地生产与本地配送能够紧密衔接：当市场终端出现变化，AI会指挥各环节即时响应，调度最近的仓库发货或触发工厂加急生产，真正实现供应链的"实时大脑"调度。本地制造搭配实时供应链，就像装上了感知和神经系统的机器，能够像生物体一样对外界刺激迅速做出反应。尤其在当前地缘和市场的不确定性下，这种灵活敏捷的供应链成为企业保持竞争力与抗风险能力的关键。

～

◆ 管理启示：用好AI这把"瑞士军刀"

AI赋能下的本地制造与供应链，给管理者带来两大启示：第一，技术投入是必要非充分条件。企业应当积极拥抱智能制造技术，将AI视为提升效率与弹性的"瑞士军刀"，在生产、仓储、运输各环节找到应用切入点。但技术不是灵丹妙药，只有与管理变革相结合才能发挥最大效用。管理层需要推动组织流程再造，打通数据孤岛，让AI可以获取全面准确的信息；同时培养员工的数据思维，建立人机协同的新工作方式。第二，衡量本地制造价值的新标尺。过往我们往往以劳动力成本高低评估生产基地，如今应加入弹性和响应速度等维度。在决策本地 vs. 离岸生产时，算一笔总账：AI带来的自动化效率提升，能否抵消人工和运营成本劣势？更快的交付和更低的供应链风险，又能为公司带来多少隐性价值？很多情况下，答案将是肯定的。本地制造+AI有望成为成本与灵活性的双赢。而管理者需要做的，正是拥抱这场范式转移：以全球视野谋划"智能分布式"制造网络，在成本、速度、风险之间找到全新平衡点。

柔性生产标杆案例：从ZARA到特斯拉

∾

◆ 案例I：ZARA的快速反应供应链

时尚行业有句名言："库存就像食品，会很快变质。"这正是西班牙时尚巨头ZARA成功的秘诀。传统服装品牌往往需要6-9个月从设计到铺货，周期漫长导致"爆款缺货、滞销爆仓"的痼疾。而ZARA构建起了一套业界闻名的敏捷供应链系统，实现了从设计构思到成品上架最快仅用2周的惊人速度。它是如何做到的？首先，ZARA逆势采用"本地化生产"策略：在全球服装产业纷纷外移亚洲的浪潮中，ZARA却将超过70%的产能留在西班牙本土及邻近的葡萄牙、摩洛哥等地，然后通过空运将成衣快速送达全球各门店。这样做牺牲了低廉劳动力和部分运费成本，但换来的是供应链高度协同和反应灵敏——设计部与生产工厂比邻而居，样衣设计出来后马上就能在工厂试产，上架后根据销售数据再迅速追单生产。ZARA很早就引入IT系统，实现全球门店销售数据的实时回传。当某款新品在纽约或东京热销时，西班牙总部几乎立刻就知道了。这套系统支持ZARA实行"小批量试销+快速翻单"的策略：新品上线只备少量库存，如果4周内销售一空立即追加生产，每次追补2周的量，持续热卖就持续滚动补货；反之卖不动就立即停止生产，下架换款。通过这种动态试错和补货，ZARA极大降低了滞销库存率，也确保门店商品始终紧跟潮流。当别的品牌还在为上季度积压的衣服大甩卖时，ZARA已上新多波款式赚得盆满钵满。可以说，ZARA凭借本地制造的柔性战胜了低成本大批量的传统模式。在AI时代到来之前，ZARA的成功就证明了：靠近市场、快速响应，比远距离规模生产更具竞争力。

ZARA模式也为后来者铺平了道路。近年崛起的中国跨境快时尚电商SHEIN，将数字化柔性供应链发挥到更极致：总部紧挨着广州庞大的服装供应链集群，借助大数据分析全球消费者偏好，按需小批量生产，竟实现了5-7天就推出新款的惊人速度。相比ZARA最小补单约500件、2-3周出货，SHEIN的供应商可小到100件起订、1周内交货。SHEIN每天对海量SKU进行A/B测试，根据App用户行为实时调整订单，大幅提升了供应链响应效率。这表明，在AI和互联网赋能下，敏捷供应链正在更上一层楼。ZARA开创的"小单快反"模式，正通过AI、大数据在全球被复制和升级。对于各行业的管理者来说，ZARA和SHEIN的故事提供了一个共同启示：离市场更近、用数据驱动决策的柔性生产，是提升供应链竞争力的必由之路。

～

◆ 案例2：特斯拉超级工厂的柔性智造

在重工业领域，汽车制造曾是典型的大规模刚性生产——固定产线、大批量、单一车型长周期生产，被认为和灵活敏捷不太沾边。然而，特斯拉颠覆了这一传统认知。埃隆·马斯克称工厂是"产品之母"，特斯拉通过打造高度自动化的"超级工厂（Gigafactory）"，将硅谷的迭代思维引入了汽车制造。以特斯拉上海和柏林工厂为例，生产线部署了大量机器人和AI控制系统，具备快速换线和优化能力。当市场需求从Model 3转向Model Y时，生产线能够在短时间内完成重组，切换车型生产快至分钟级。据业内报道，特斯拉在储能电池模组产线的换线时间已压缩到53秒！而传统厂商往往需要数小时甚至数天调整模具和工艺参数。特斯拉之所以能如此灵活，秘诀在于把软件定义制造：它将AI引入生产的每个环节，从排产、装配到质检。特斯拉柏林工厂的电池产线应用了强化学习和数字孪生等技术，自动优化工序衔接，将单条产线产能提升到传统工厂的5倍。在质检环节，特斯拉开发AI模型对电池组进行缺陷检测，并通过因果推断分析工艺偏差，提高了质量控制的效率。此外，特斯拉还大胆尝试全新工艺与设备来提升柔性，例如全球首创的"一体压铸"技术，用巨大压铸机一次成型汽车底盘，减少数百个零件，使生产流程更简洁易变更。当市场需要调整车型设计时，软件更新配合少量硬件改动即可迅速适应。特斯拉工厂的高度数字化，也让全球工厂之间协同更容易：产线数据实时上传总部，大数据分析指导各地工厂持续改进。所以我们看到，特斯拉能够在短时间内同时在中美欧三地扩建产能且运行良好，其背后是AI驱动的标准化+柔性化结合的生产模式。正如一位工业AI专家所言："当特斯拉把制造变成53秒就能变换的乐高积木游戏，传统车企若不进化，就只能被淘汰"。

当然，特斯拉的自动化之路也非一帆风顺。曾经马斯克过于崇尚"无人工厂"，在Model 3项目初期一度出现过度自动化导致瓶颈，之后才平衡了人机配合。但这并不改变大势所趋：随着AI和机器人技术成熟，未来工厂对人工依赖将大幅降低，"黑灯工厂"不再是科幻。在富士康位于中国郑州的智能车间里，我们已能看到未来雏形——整洁安静的厂房里几乎不见工人身影，从物料存储、取料到产品加工、包装出货，全流程实现了自动搬运和装配，生产线上灯光关闭以节能，但机器仍夜以继日运转。富士康的"灯塔工厂"还借助AI优化良率和能源使用，使生产效率再上台阶。这些案例表明，无论是像特斯拉这样的创新企业，还是转型中的传统制造巨头，都在借助AI实现生产系统的柔性革命。最终目标是一致的：生产线像软件一样可重构，工厂像云服务一样可弹性伸缩，以适应瞬息万变的市场需求。

◆ 案例3：海尔COSMOPlat的大规模定制

柔性生产的精髓，不仅在于内部效率，更在于对消费者需求变化的快速满足。中国制造企业海尔集团探索出了一条具有前瞻性的道路：打造工业互联网平台COSMOPlat，将用户直接接入制造全流程，真正实现大规模的个性化定制生产。走进海尔的卡奥斯COSMOPlat互联工厂展厅，仿佛置身未来工厂的科幻场景：用户可以站在屏幕前自主定制家电产品的外观和功能，AI系统自动将这些偏好转化为生产指令下达到车间。生产线上，机器人和智能设备随即开始忙碌：有人负责抓取对应颜色的面板，有人切换模具准备特殊图案的打印。在海尔中德滚筒洗衣机互联工厂，大屏幕上不断滚动着来自全球的订单，每一台洗衣机都按照用户提交的定制参数生产。几乎每台机器都装有"智慧大脑"——遍布全厂的传感器让设备自动感知状态并协同调整，实现产线在15分钟内完成不同型号和规格的切换，定制化生产的额外成本因此降低了一半以上。这意味着，以前需要长时间停线换装、只适合大批量单一产品生产的车间，现在能够像变色龙一样快速变换产出，小批量多品种生产成为常态。COSMOPlat平台的核心是开放的多边交互：一端连着海量用户的个性需求，一端连着成千上万的供应商和工厂资源。当某个企业需要紧急扩产或转产，平台上的资源可以迅速调配。例如，在新冠疫情初期，海尔COSMOPlat没有直接生产口罩，但通过平台撮合，帮助数百家企业快速转产防疫物资，短时间内产出了上亿只口罩。这一壮举背后，是平台链接了340百万用户、50万家企业、390多万生态资源方的强大网络。可以说，COSMOPlat开创了一种"以终为始、以需定产"的全新制造范式：用户需要什么，工厂就精准生产什么，几乎没有库存浪费和错位生产。在AI和工业互联网的支持下，"大规模定制"不再是矛盾词，而成为制造业新的制高点。海尔的经验表明，柔性生产的终极形态不仅仅是柔性制造过程，更是柔性商业模式的构建——企业从卖产品转向卖服务和方案，通过网络协同各方，实现共创共赢。

～

◆ 管理洞见：以柔克刚，构建敏捷组织

上述案例横跨快消时尚、汽车制造、家电行业，却有着共通的管理启示：柔性即是力量。ZARA的快速反应告诉我们，小批量迭代比大批量押注更稳健；特斯拉的超级工厂证明了自动化和灵活性可以并行不悖；海尔的平台则展示了生态协同如何放大单个企业的柔性。管理者应当思考，如何将这些经验融会贯通到自己的组织中。首先，要勇于打破僵化的流程，引入敏捷管理思想。就像软件业的敏捷开发一样，制造业也需要小步快跑、快速试错的机制，把"大象"变成"多只兔子"奔跑。其次，数据驱动决策必须深入业务神经。从市场需求预测、生产调度到质量反馈，每一个关键点都应该有数据支持和AI辅助，减少人为主观导致的滞后与浪费。第三，赋能前线至关重要。柔性的源头在一线员工和具体环节，领导者应赋予团队自主调整的权限，让贴近问题的人能够及时处理变化；同时提供足够的数字工具支撑前线，提高其响应速度。最后，生态共创将是未来竞争的新思维。企业不可能独自做到无所不能，通过平台连接供应商、客户甚至竞争对手，共享资源和能力，形成动态联盟，反而能让整个价值链更具韧性。总之，在瞬息万变的市场中，"以柔克刚"应成为企业文化的一部分——组织结构要像积木般重组灵活，战略定策要像水一样顺势而为。能练就此功的企业，才称得上真正的"超级公司"。

区域视角：本地制造能力的全球版图

～

◆ 北美：再工业化与智能回流

北美制造业在经历了数十年外包浪潮后，正迎来"再工业化"的曙光。一方面，美国政府推出系列政策鼓励制造回流，如制造业回归计划、芯片法案等，试图重振本土产能；另一方面，更深层的驱动力来自技术进步——自动化和AI让美国工厂的生产率实现飞跃，使"美国制造"重新具备全球竞争力。近年美国出现了许多"微型工厂"和本地生产创新。例如，初创公司Local Motors曾经利用3D打印和本地化装配，尝试按需生产定制汽车；虽然最终未成功，但理念已传播开来。现在，在底特律等传统工业区，一些工厂通过引入协作机器人和AI质检系统，将单位人工产出提高数倍。通用电气等公司在美国本土设立了高度数字化的"灯塔工厂"，用AI优化工艺参数，生产效率和良品率显著提升。即便是劳动力成本高昂的加州，也涌现了食品、家具等行业的自动化小工厂，以机器人替代简单劳力，贴近本地市场进行个性化生产。北美的制造版图正从"一味追求低成本外包"向"区域平衡布局"转变：高技术、高附加值环节在本土生产，标准化大宗产品仍在海外，但通过AI手段实现跨区域协同，确保整条供应链稳健高效。可以预见，未来北美将形成"智能制造走廊"——从美国中西部到墨西哥的产业带，融合先进制造技术和邻近低成本劳动力，实现区域内分工互补的制造网络。对企业而言，在北美投资本地产能不再只是情怀驱动的"爱国行为"，而是实实在在的经济账划算之举。

～

◆ 欧盟：工业4.0驱动区域自给

欧洲一直以高品质制造著称，但近年来感受到供应链外部依赖带来的脆弱性。欧盟在疫情和地缘冲突中经历了芯片短缺、医疗物资断供的困境，促使其下定决心提升关键产业本地自给率。德国发起的"工业4.0"运动早已为欧洲制造奠定数字化基础，现在正进入全面收获期。在德国西门子电子工厂，生产线通过MindSphere物联网平台链接全球设备数据，AI预测性维护让故障停机时间大幅降低。欧洲的汽车企业也纷纷采用柔性生产技术，如宝马在沈阳工厂（其海外示范工厂之一）用强化学习实现动态排产，以后续经验反哺欧洲本部。欧盟还积极推进绿色制造与本地化结合，以提高综合竞争力。比如法国出台政策支持本土工厂采用清洁能源和AI节能系统，在降低碳足迹的同时减少对外部能源供应的依赖。意大利一些高端服装和家具制造商，将生产环节搬回欧洲，通过AI和机械人保持效率，同时利用本地匠人工艺优势，打出"本地产、可持续、高品质"的品牌形象。未来几年，欧盟将在半导体、电池、医药等战略产业投入巨资建厂，目标是在欧盟内部建立区域供应链闭环。东欧国家成为承接西欧产业回流和投资的新热土，波兰、捷克等国出现越来越多配备先进设备的工厂，为整个欧盟市场供货。对于想在欧洲长远发展的企业来说，顺应这一趋势，借助工业4.0技术升级本地运营，将是安身立命之本。一位欧盟官员的话或许代表了欧洲的雄心："我们要打造数字时代的'欧洲制造'，既有技术含量，也有韧性和可持续性。"可以预见，未来"Made in Europe"将重焕光彩，其背后站着的是一批批技术领先的本地智能工厂。

～

◆ 东南亚：承接转移与技术跨越

东南亚在全球制造业版图中的地位正迅速上升。一方面，作为"中国+1"战略的重要选项，大批制造企业将部分产能移至越南、泰国、马来西亚等国，带来了投资和订单激增；另一方面，这些国家自身也意识到不能永远停留在低成本拼装阶段，纷纷制定工业升级规划，希望实现"跨越式"发展。以越南为例，近年来引入了不少电子产品和服装的生产线。起初主要依赖廉价劳动力，但随着用工成本逐步上涨和订单要求复杂化，越南工厂开始引进机器人和自动化流水线。一些大型代工厂在胡志明市和河内建立了智能生产车间，机器视觉检测和自动化仓储等技术的应用，令生产效率和品质都有提升。马来西亚和泰国则在汽车零部件、硬盘制造等领域推进工厂数字化转型，引入预测维护和数据分析以减少停工损耗。整个东南亚还受益于RCEP协议下区域内关税降低、标准统一的便利，区域供应链协同更加顺畅。例如，一个东盟国家的工厂可以更容易地从邻国采购零部件，再在本国组装后出口整个东盟市场，无需绕道更远的供应源。特别值得关注的是，东南亚有机会"后发先至"采用新技术。因为工业基础相对薄弱，包袱也小，政府和企业反而敢于直接投资最新的生产技术，跳过中间阶段。印尼就提出要发展"工业4.0试点工厂"，把AI、5G、云计算直接引入新建的工业园区。从长远看，东南亚各国若能成功提升技能水平、完善基础设施，加之其庞大且年轻的人口红利，将可能成为下一个"世界工厂"的重要组成部分。当然，挑战也存在：技术人才短缺、电力交通等硬件不足仍是短板。不过，一些国际合作项目正在帮助填补这些空白，例如日本和新加坡的机构在越南设立智能制造培训中心，欧洲企业在泰国投资可再生能源电网等。这预示着东南亚将以区域合作的方式共筑制造实力，既承接全球产业转移的量，又逐步积累升级的质。对于有全球布局的企业而言，在东南亚投资不仅是降低成本，更是参与塑造下一代制造生态的战略之举。

～

◆ 非洲：后发新机与数字弯道

提起制造业，人们往往很少将目光投向非洲。然而，随着非洲大陆自贸区的推进和人口红利的显现，非洲有望成为本世纪中叶全球制造业的新兴力量。AI技术的进步，给了非洲一些"弯道超车"的机会。当前，非洲制造业基础依然薄弱，工业增加值占全球比重不足3%，很多国家工业体系不健全。但正因如此，非洲可以少走一些他国工业化走过的弯路，直接采用当今最新的数字技术来发展制造业。例如，卢旺达等国已经在试点小型数字化工厂，用3D打印为本地提供医疗器械配件；肯尼亚的新创公司利用AI驱动的移动制衣车间，为乡村女性提供按订单缝制服装的生计。一些跨国公司也开始在非洲投资智能工厂。2025年1月，位于摩洛哥的中信戴卡工厂成为非洲首家被世界经济论坛评为"灯塔工厂"的智能制造标杆。这家工厂由中国企业兴建，部署了40多项数字化应用，实现了高精度的柔性生产和材料高效利用。升级之后，设备综合效率提高17%，劳动生产率提高27%，产品不良率降低了31%。值得注意的是，该厂引入了先进的AI视觉检测系统和过程控制算法，解决了当地传统工艺难以克服的质量波动问题。在车间里，摩洛哥工人与中国工程师协作，通过可视化平台实时监控生产数据，机器臂高效运转，彰显了非洲制造的新实力。这一案例证明：只要有适当的技术和培训支持，非洲工厂完全可以达到世界一流水平。非洲各国政府也在积极拥抱工业互联网。埃塞俄比亚、尼日利亚等人口大国推进经济特区和工业园区建设，引入国外经验打造数字化产线。例如，一家泛非科技公司Cassava宣布将与Nvidia合作，在南非等国建设"AI工厂"数据中心，为当地提供AI算力服务，支持制造业等行业的智能化转型。非洲制造的未来图景也许与传统模式不同：可能不以劳动密集型组装为主，而更多依托自动化设备+少量技术工人的模式，实现"小批量、多品类，就近辐射非洲14亿消费市场"的路径。如果非洲各国能够持续投资教育和基础设施，增强法治与营商环境，我们有理由相信，一批"非洲制造"的产品将登上世界舞台。对全球企业而言，现在开始将非洲纳入供应链体系，既是履行社会责任，也是布局未来增长点的前瞻选择。

◆ **战略建议：全球布局因地制宜**

不同区域本地制造演进各具特点，企业应制定因地制宜的全球产能布局策略。首先，根据区域优势确定角色：将研发和高端制造放在技术和人才富集的北美、欧洲，让这些总部基地成为创新和智能生产的策源地；将中端制造放在工业配套完善、政策优惠的亚洲新兴经济体，实现成本与效率平衡；将部分基础制造投向非洲等潜力市场，在服务当地的同时占领未来制高点。其次，充分利用区域贸易协定和政策红利：RCEP、AfCFTA等框架降低了区域内物流和关税成本，企业可打造区域生产中心+辐射周边市场的模式，例如以泰国为中心覆盖东南亚，以波兰覆盖欧盟，以肯尼亚覆盖东非。第三，技术标准全球贯通但应用灵活本地：建立统一的数字化平台和质量体系，使遍布各国的工厂在数据上互联、标准上互通；同时针对每个工厂所在地的条件，灵活调整自动化程度和运营模式。例如，在自动化水平高的德国工厂应用最新黑灯技术，而在人工成本仍低的越南工厂则采取人机协同模式，以最佳经济性运转。最后，也别忽视文化和人才因素：区域布局不仅是硬件扩张，更需要软实力跟进。尊重本地文化、法规，培养本土管理和技术团队，可以大大提高多区域运营的成功率。总而言之，全球化2.0时代的制造布局不再是一味追求集中或分散，而是"弹性联网"：各区域工厂各有所长、协同运作，形成既有韧性又有效率的全球生产网络。

全球弹性运营：企业的本地制造战略

◆ 技术选型：搭建数字化柔性工厂

迈向本地智能制造，技术选型是企业战略落地的基石。管理者需要像搭积木一样为工厂挑选和组合适当的技术模块。一方面是硬件自动化：应评估引入工业机器人、自动搬运(AGV)、机器视觉检测等的成本收益，在保证质量和效率的关键环节优先实现自动化。另一方面是软件智能：选择合适的工业互联网平台和AI解决方案，将生产流程数字化映射。比如构建数字孪生模型，让每条产线都有实时虚拟映像，以便进行仿真优化和远程监控。又如部署制造执行系统(MES)与AI调度算法，打通从接单到排产、再到工艺控制的闭环。许多企业倾向于购买成熟解决方案，但也需根据自身情况做定制开发。关键是聚焦能显著提升柔性的技术：如缩短换线时间的快速切换装置、提高设备通用性的模块化设计、实现多品种并行生产的软件系统等。在这一过程中，最好采用"小步快跑"的策略：先选择一个工厂或产线试点实施新技术，通过试点数据验证效果，再逐步推广到更多区域的工厂。比如一家传统服装制造商可以先在本土工厂试点安装AI辅助的裁剪和缝纫设备，试验小单快反模式成功后，再复制到海外工厂。不要等待完美技术出现才行动，因为技术永远在迭代。应该边应用边改进，在实践中优化技术选型组合。同时，保持对前沿的跟踪——像生成式AI、边缘计算、5G专网等新技术，有潜力进一步增强柔性生产能力，企业应积极探索，将其纳入技术路线图中以保持长期竞争力。

◆ 人才与组织：打造人机协同团队

推进本地制造与柔性产能布局，说到底是一场组织能力建设。首先是人才梯队的打造。企业需要一批既懂制造又懂数字技术的复合型人才。例如，招聘或培养工业数据分析师，他们精通工艺流程也会写代码，能将一线生产问题转化为数据模型交由AI解决；再如自动化设备工程师，不仅维护机器还擅长调适算法，使机器人发挥最佳性能。很多传统企业可能缺乏这类人才，可以通过高校合作、内部培训甚至收购初创公司的方式加速补足。其次，要在组织文化上推行人机协同的理念。向员工传递这样的信息：AI不是来取代大家的，而是成为每个人的"数字助手"，帮助我们完成更高价值的工作。管理者应以身作则，带头学习使用AI工具，从高管到车间班组长都树立"与AI共舞"的榜样。这涉及一定的流程再造——调整岗位设置和分工，让人和机器各展所长。比如，将过去人工排产的任务交给AI系统执行，而调度员角色转型为监控AI决策、处理异常情况；再如一线质检员由目视检查变为操作AI质检设备，并对AI判出的疑难缺陷做最后判断。这些转变可能引发部分员工的不安，要求管理层做好变革管理：及时沟通变革目的，提供充分培训，让员工掌握新技能并看到职业发展的新路径。激励机制也需要跟上，鼓励员工提出流程改进和技术应用的建议，对积极推动智能化转型的人给予认可和奖励。只有当组织上下都拥抱变化，把柔性和智能视为新常态，技术才能真正发挥作用。本地制造的成功不在于建起多少聪明工厂，而在于拥有多少"会利用聪明工厂"的优秀团队。

◆ 政策应对：善用外部环境红利

在企业布局本地制造的过程中，外部政策环境既是约束也是机遇。各国政府当前普遍重视制造业升级和投资，引入了各种激励措施。企业管理者应当密切关注并善加利用政策红利。例如，许多国家和地区提供智能工厂改造补贴、机器人采购退税等优惠，积极申报这些项目可降低企业技术升级成本。又如，一些经济开发区为吸引制造项目，会在用地、贷款、税收上给予特殊待遇，如果企业决定在某地建设本地生产基地，不妨选择政策支持力度大的区域落户。对于跨国经营者，还需要精通各地的贸易与产业政策走向。正如前文提到的，全球化2.0环境下不同市场监管标准、关税规则在演变，在制定产能布局时需前瞻考虑。例如，欧盟未来碳关税政策可能使高排放进口产品成本上升，那么将绿色智能制造环节布局在欧盟本地就更为有利。再如，美国的出口管制或本土优先采购政策，会影响供应链选择，那就需要在美国保留一定生产能力以保证市场准入。合规运营也是企业不可忽视的一环：本地制造涉及环保、安全、劳工等多方面法规，要投入资源确保工厂达到当地标准，赢得社区与政府信任，避免政策风险。企业还应主动参与政策讨论，通过行业协会等渠道向政府建言，推动出台更多支持柔性制造、工业AI应用的利好政策。可以说，政策是方向盘，技术是发动机，二者都抓在手，企业的本地制造航船才能行稳致远。

~

◆ **AIoT融合：构建数字化生态体系**

最后，也是最具战略眼光的一步：将AI与物联网（IoT）深度融合，构建企业自己的数字化制造生态。这意味着不仅让单个工厂智能化，而是让所有工厂、设备、产品、供应链节点融为一体，形成实时互联的网络。具体来说，企业可以部署统一的工业物联网平台，将全球各地工厂的机器设备、仓储物流乃至产品运行状态数据全部接入。同一平台上再叠加AI应用，实现集中分析与调度。例如，当欧洲工厂的订单激增产能吃紧时，系统自动通知北美工厂准备增援生产；或者某批次产品出厂后在非洲市场出现性能问题，AI迅速定位所有相关批次并在各地工厂中调整工艺参数防止问题蔓延。这样的生态体系，使企业具备了"全局感知、全局响应"的能力，真正做到全球运营的弹性自如。一些领军企业已经在走这一步。西门子建立了内部物联云，将全球数十家工厂链接起来共享最佳实践和算法模型；日本本田研发了生产数字化平台，让不同国家的装配线可以复制彼此的软件配置，实现车型快速切换生产；中国的海尔COSMOPlat更是把用户也纳入生态，让生产体系与市场需求直接对接。中小企业或许无法独自开发如此庞大的系统，但可以借助外部生态，如加入行业工业互联网平台、与大型企业形成数字化供应链联盟等等。关键在于打破信息孤岛，让数据流在整个价值链畅通无阻。有了数据和AI的加持，企业运营将从过去的静态计划转变为动态适应，从局部优化升级为全局最优。对于追求全球弹性运营的企业来说，这就是终极目标：

构建一个能够自我学习、自我协调的数字神经系统，使企业如同一个智慧有机体，去呼应这个充满不确定性的世界。

～

◆ 战略建议：打造"全球+本地"的韧性优势

面对AI时代本地制造与柔性生产的大趋势，企业应从战略高度审视自身定位，做到全球与本地"两条腿"走路。第一，长远愿景：将"全球弹性运营"写入企业愿景，把建设分布式智能制造网络视为未来竞争制胜的法宝，坚持投入、持续迭代，不被短期成本波动左右。第二，循序渐进：分阶段推进本地制造战略，优先选取对响应速度要求高、附加值高的产品在本地生产，用成功案例验证模式，再逐步扩大战果。第三，风险平衡：在全球和本地之间取得风险与效率的平衡。例如，核心技术和高价值环节牢牢掌握在本地，以应对供应链断裂风险；同时保持全球协同，利用规模效应降低平均成本。第四，组织保障：高层设立专门的跨区域运营管理团队，统筹各地工厂资源调配；IT部门与业务部门深度协作，确保数字化工具切实解决一线痛点。第五，生态合作：积极与上下游伙伴共建区域供应链圈子，比如与本地供应商共同提升数字能力，或者参与政府和高校的智能制造联盟，借力发展。本地制造不是闭门造车，而是融入本地产业生态并引领之。总之，在AI驱动的全球化2.0浪潮中，最成功的企业将是那些既能利用全球通路，又能深耕本地市场和资源、并通过科技将两者融会贯通的企业。他们将拥有既灵活又强大的韧性优势，在风云变幻的时代稳健前行，执全球商界之牛耳。正如本书开篇所言：超级公司的崛起，属于那些拥抱变革、善用AI、以小博大者。现在，这份期许同样适用于制造业领域。愿每一位读者都能从中获得启发，在属于自己的舞台上谱写时代新篇。

4

第四章 从区域公司到全球公司

"如果你想要建立一家公司，就要一开始就以全球化的眼光去设计它。"

—— 杰克·韦尔奇（JACK WELCH）

午夜零点，特斯拉加州工厂的中央控制室依然灯火通明。墙上巨大的屏幕实时展示着全球三大洲生产线的运行数据：上海超级工厂的机器人手臂正灵巧地安装电池模块，柏林工厂完成了一辆Model Y的最终装配，仅用时10小时——不到德国传统车企装配一辆类似车型所需时间的三分之一。人工智能驱动的系统在后台默默调配资源，预测设备何时需要检修，并自动协调全球零部件供应。几小时前，一场关于产品改进的跨国视频会议刚刚结束，会议中中英文交织，但借助AI实时翻译，每位与会者都能无障碍地交流想法。这一刻，地域和语言仿佛不再是障碍，人工智能让特斯拉的全球运营如同一台精密运转的机器。

清晨七点，西班牙拉科鲁尼亚的Zara总部设计工作室里已是一片忙碌。几位时装设计师围聚在一起，分析昨夜从全球各地汇总的销售反馈和社交媒体流行趋势。AI算法从海量数据中提取出当下最受欢迎的元素，设计师据此灵感迸发，快速勾勒出新一季的服装草图。一旁的大屏幕上显示着各市场的即时销售数据和趋势分析——Zara正通过实时数据洞察不同地区消费者的喜好，由300多名设计师将这些洞见融入新系列。不到两周，这些新设计的样衣将在距总部不到十几公里的工厂里完成小批量试产，并通过高度敏捷的供应链发送至全球各地的门店。与竞争对手需要2-3个月上新相比，Zara平均每两周就能更新服装款式；每年推出约11,000款新品（而竞争对手只有2,000-4,000款）。这一惊人的速度源自Zara高度柔性的生产模式：设计草图几天内即可投产，4-6周内新款就能上架门店，而现有款式的改良版甚至两周内就能推出。短周期、小批量的生产不仅创出"此款售完不补"的稀缺感，也让Zara几乎不必为滞销品打折(85%的产品按正价售出，而行业平均只有60%)，库存积压率也远低于行业水平(年末剩余库存约10%，行业平均则有17-20%)。在Zara的供应链体系中，西班牙本土及周边国家承担了大约76%的产量。尽管欧洲人工成本远高于亚洲，但Zara选择在离市场更近的地方生产高时效性的时装，以速度和灵活战胜低成本竞争。这样的策略让Zara门店每周上新两次，店长可以根据实时销售反应下单补货，72小时内新货便能从西班牙送达全球各大城市。当竞争对手还在为过季库存发愁时，Zara已经通过这种产销一体化的快时尚模式提前锁定了消费者的钱包。

上午十点，美国肯塔基州列克星敦，施耐德电气（Schneider Electric）的一座智能工厂里传来机器有节奏的运转声。这家工厂是施耐德在北美近300家当地生产基地之一，主要为周边客户定制生产配电设备。车间里遍布传感器和自动化生产线，工业物联网（IIoT）平台将设备运行数据与订单需求相连接。管理者通过数据仪表板可以实时看到产线的状态：AI算法自动调整生产节奏以应对订单变动，并优化能耗以实现可持续生产。在这座获得"灯塔工厂"称号的智慧工厂中，引入智能制造技术后能源消耗降低了26%，碳排放减少78%，用水量降低20%，设备停机时间减少了20%。这些数字背后，是施耐德电气在全球推行"本地化制造"战略的缩影：它在全球40个国家运营着近300座工厂和物流中心，致力于让各地区90%的产品在当地生产、为当地市场服务。这种"全球+本地"（Glocal）结合的供应链模式带来了显著的抗风险能力。当极端天气、地缘冲突等突发事件扰乱全球贸易时，各区域的施耐德工厂依然能够自给自足地运转，将影响降到最低。例如，疫情期间某些地区供应链中断时，施耐德北美工厂通过灵活采购和产能调整，继续满足了当地客户需求。这种区域化的生产布局不仅提高了供应链韧性，也拉近了公司与当地客户的距离——产品更快交付，售后响应更及时，企业对各地市场变化的反应也更加灵敏。

以上三个场景，分别来自汽车、时尚和制造行业的先锋企业，却揭示了一个共同的趋势：在AI技术与新生产模式的驱动下，企业的全球化路径正被彻底重构。过去，公司迈向全球市场往往意味着在低成本地区设厂，大规模生产，再通过复杂的国际物流将产品销往各地。这种传统模式专注于规模和成本效益，却牺牲了响应速度和灵活性。而今天，人工智能、柔性生产以及分布式本地制造的新范式，正在打破这一桎梏：企业既可以实现全球布局，又能够像"小作坊"那样快速响应本地需求。换言之，企业正从过去那种头重脚轻的跨国巨头，演变为神经末梢丰富敏捷的全球"超体"，能够感知不同市场的细微脉动，并做出迅速反应。本章我们将围绕以下三个核心主题展开，剖析AI时代下从区域公司迈向全球公司的全新路径：

I. 人工智能如何重构全球化路径：AI正赋能企业的管理、运营、协作和市场响应，实现跨语言、跨文化的无缝协同，并让全球业务的决策与执行大幅提速。

2. 柔性生产突破集中式制造桎梏：灵活的生产模式令企业摆脱"大而集中的"传统工厂束缚，能够在多国实现小批量定制生产、快速迭代，以及生产与销售的一体化联动。

3. 分布式本地制造的兴起：我们将聚焦欧美企业如何将生产重心前移到终端市场，通过"在地制造"提升运营弹性，减少长距离运输和供应链风险，并探讨这些转变背后的战略意义。

接下来，我们将结合特斯拉、Zara、施耐德电气、耐克等代表性案例，以及一些AI原生公司的实践，一同来看AI和制造模式的革新是如何帮助它们完成全球化的跃迁。

AI技术：重构全球化版图的引擎

过去，企业要成长为跨国公司，常常依赖于几十年积累的国际经验和庞大的组织架构。而在AI时代，新兴技术正在为全球化按下"加速键"，让企业能够在更短时间内、更低门槛下跨越语言和地域的鸿沟，在管理、运营和市场响应方面实现前所未有的能力跃迁。

～

◆ 管理与协作：跨越语言与文化的实时协同

跨国经营最基础的挑战之一在于语言和文化差异。不同国家的团队如何高效协作、管理层如何将决策准确传达至全球各地，一直是困扰企业全球化的难题。人工智能为此提供了革命性的工具：

- 实时翻译，消弭语言障碍：AI驱动的翻译工具如今可以提供接近同步的语音和文本翻译。在大型跨国公司内部，管理者可以通过AI同声传译系统，与不同国家的员工无缝交流。例如，微软的Teams等会议软件已内置实时字幕翻译功能；瑞典家具巨头宜家的全球培训课程中，也引入了AI翻译助手，确保各地学员都能准确理解课程内容。在我们开篇特斯拉的案例中，来自中美德三国的工程师能够畅所欲言，正是因为AI让语言不再成为协作的阻碍。通过机器翻译和自然语言处理技术，企业内部知识也可以快速在多语言之间转化，实现真正的全球知识共享。

- 跨文化沟通与洞察：AI不仅翻译语言文字，还能通过大数据分析理解各地员工和客户的文化偏好。例如，一些AI邮件助手可以自动调整措辞以适应收件人的文化背景（如对美国客户邮件开门见山，对日本客户则更为礼貌委婉）。又比如，甲骨文公司（Oracle）开发的AI人力资源分析工具，可以分析全球员工在内部社交平台上的匿名反馈，帮助管理层及时了解不同地区团队的情绪和需求，从而调整沟通策略。

- 虚拟协作助理：分布在全球各地的团队，常常需要克服时差和沟通不便。AI驱动的智能协作助理可以充当"数字项目经理"的角色：它们能够24小时待命，汇总各地团队的工作进展，在团队成员睡眠时自动生成日报，甚至能根据不同地区的工作日历智能安排会议。在美国硅谷和印度班加罗尔均设有研发中心的某软件公司，每当印度团队下班时，AI助理都会整理进度给硅谷团队清晨上班查看，实现工作接力不断档。这样的AI协同工具确保了"日不落"团队的效率，不因时区差异而牺牲协作紧密度。

AI带来的这些改变，使得一家公司的全球员工仿佛同处一座办公楼中。语言障碍消除后，多元文化背景带来的创造力反而成为优势。管理者也能更及时地感知全球组织脉搏，做到真正的全球同频。正如一家技术咨询公司的报告指出，AI驱动的工具正在打破语言壁垒，实现全球协同——这为企业管理模式带来了质的飞跃。

❦

◆ 运营与供应链：智能化的全球神经系统

如果将一家跨国企业比作人体，那么供应链和运营网络就是连接各个业务单元的神经系统。AI技术正让这套全球神经系统变得更聪明、更高效：

- 全球供应链的实时优化：传统供应链管理往往反应滞后：等销售数据汇总、人工决策下达，再调整生产和物流，往往错失良机。而AI可以对接企业各个环节的数据流，打造供应链控制塔，实现实时预测和动态调度。例如，美国沃尔玛采用AI算法分析门店销售、天气和社交媒体趋势，以预测某商品的需求激增，提前在相应区域的仓库增加库存。又如，AI优化库存和运输已成为很多行业标配——借助机器学习模型，全球库存周转天数得以降低，运输路径也更为高效。正如一份技术趋势报告所述：人工智能能够优化物流和库存管理，使全球供应链比以往更加高效和响应迅速。这意味着当中国的工厂生产出某件爆款商品，系统会立刻根据欧洲市场的预订量来安排空运，并避开拥堵港口选择最快的清关路径，将产品以最快速度送达需求地。

- 需求预测与生产计划：AI的预测能力在供应链中大放异彩。通过对历史销售、市场行情、甚至宏观经济指标的学习，AI模型可以比人更准确地预测需求。德国西门子公司开发的AI系统可提前数月预测特定工业产品在各大区的销量，并自动调整生产计划，将产能分配给增长最快的市场。而荷兰的跨国啤酒公司喜力（Heineken）利用AI分析大型赛事、节假日等因素来预测啤酒需求峰值，从而优化其全球酿造和配送安排。这些应用使得企业能够做到以销定产，避免了一边断货一边积压的窘境。耐克公司在其"Express Lane"（快速通道）供应链计划中就大量采用了数字化需求感知工具：他们在工厂预先备料，利用算法紧盯市场趋势，某款球鞋一旦走红便立刻投入追加生产，实现当季畅销款数周内追加上架。耐克前CEO马克·帕克曾指出："当今消费者会奖励那些敏捷的公司。能够最快适应并扩大规模的企业，将是增长最快的企业。"这正体现了AI驱动的预测与快速响应如何成为供应链竞争的胜负手。

- 运营风险监测与应急：全球运营面临各种不确定性——自然灾害、政治风险、供应中断。AI可以充当全天候的风险哨兵（risk sentinel）。例如，英国石油公司（BP）部署了一套AI风险监测平台，实时收集全球新闻、社交媒体、政府公告，识别可能影响其油气生产和运输的事件并预警。对于制造企业，AI可以结合

IoT数据监控工厂设备健康，预测故障防患未然。特斯拉的每座超级工厂就像一座"黑灯工厂"（几乎无需人工），依赖成千上万个传感器的数据来运行。它们的AI系统会预测性维护：分析机器人和传送带的震动、温度等数据，如果发现某台机器人动作出现细微异常，便提前安排检修，避免生产线停工。2021年全球芯片荒时，传统车企因芯片供应断裂被迫大规模停产，而特斯拉在检测到供应预警后，短短几周内就用软件更新支持了新的芯片替代方案。正是这种快速反应使特斯拉当季交付超过20万辆汽车，并创造了11.9亿美元利润；相比之下，同期戴姆勒和宝马因等不到芯片，不得不停工减产数万辆。AI技术让企业运营从容应对突发挑战，如同给全球神经系统装上了自动避险的反射弧。

- 智能客服与本地化服务：在运营的下游，AI也帮助跨国公司更好地服务各地客户。智能客服可以覆盖全球时区，提供7×24小时多语言支持，大幅提升客户满意度。比如IBM的AI客服平台Watson Assistant被部署在多家航空公司的全球服务热线上，能够用20多种语言即时回答顾客问题。而在市场营销方面，AI帮助企业本地化策略：可口可乐公司利用AI分析不同国家社交媒体流行语，为各地市场定制广告文案；星巴克则用AI预测每家门店的客流和口味偏好，推出城市限定饮品。更进一步的，像联合利华这样的消费品巨头，借助AI打通了线上直连小店的新渠道。在东南亚和南亚六个新兴市场，联合利华上线了一套云端B2B订货平台，数十万小商铺店主通过手机APP自助下单，由AI算法推荐最合适的产品组合和促销方案。销售代表到店拜访15分钟，APP已经借助AI分析了店铺的历史订货习惯，推荐精准的新品和高价值产品，帮助销售在有限时间内完成更多交易。照片识别技术还能让业务员拍下货架照片，AI立刻反馈库存不足或陈列优化建议。这种数字化工具让这些遍布乡镇的夫妻店获得了和大城市超市同等的服务水准，也让联合利华的渠道覆盖和销售额显著提升。由此可见，AI不仅优化了企业内部运营，更延伸到市场响应层面，为不同地区的终端客户提供贴地气的定制化服务。

得益于AI的全面渗透，如今跨国公司的运营效率和敏捷性达到了历史新高。一项调研显示，近70%的现代科企和非科企都将AI融入日常工作流程。德勤咨询的报告指出，AI正加速全球化进程——降低进入海外市场的壁垒，促进更高效的跨境运营。甚至有预测称，人工智能有望在2030年前为全球经济额外贡献约13万亿美元产出，相当于每年推动全球GDP增长1.2个百分点。虽然这些宏观数字听起来遥远，但在微观层面，AI带来的改变正切实发生在每一家奋力全球化的企业之中：管理半径延展却更精细可控，供应链跨洲却宛如就近调度，服务对象遍布四海却能一人一面。可以说，AI为全球化插上了"智慧的翅膀"，让企业跨越过去山海般的障碍，驶入一个高度互联、高度智能的全球市场。

柔性生产：突破集中式制造的桎梏

如果说AI改变的是企业的大脑和神经系统，那么"柔性生产"革命变革的就是企业的肌肉和骨骼——也就是制造模式本身。从前，跨国公司的生产往往集中在少数几个大型基地，以追求规模经济和成本最低。但这种集中式制造有着天然弱点：产品不能快速适应市场变化，供应链长且脆弱，个性化需求难以满足。柔性生产（Flexible Manufacturing）的兴起，则为制造业打开了一条全新的道路：生产系统像搭积木一样灵活可调，让企业能够小批量、多批次地生产定制化产品，并实现产销一体的敏捷响应。下面我们将通过多个行业案例，来看柔性生产模式如何让企业如虎添翼。

◆ **小批量与定制化：从"大批量标准品"到"跨国小批量定制"**

20世纪的制造哲学建立在"大批量、标准化"之上——流水线一次生产成千上万相同的产品，以换取最低的单位成本。然而在当今市场，消费者日益青睐个性化、差异化的商品，需求变化也更为迅速。柔性生产通过技术手段让"小批量定制"成为可能，即便在跨国运营中也能落地。

- 数字化设计与快速原型：柔性生产的第一步是大幅缩短产品从设计到样品的周期。先进的CAD软件、3D打印等技术让设计师可以快速迭代创意，并在数小时内制作出原型。举例来说，耐克在其位于美国俄勒冈的创新中心部署了高速3D打印机，用于鞋底和鞋钉原型的制造。设计改进后的新鞋钉模型可以当天打印出来交给运动员试用，根据反馈再即时调整设计。Zara在服装领域的做法是，设计师完成新款效果图后，直接将电子文件发送给附近工厂的裁剪机，自动裁剪出样衣布料。这个过程无需制版开模，大大缩短了打样时间——以往打一版服装样衣可能需要数周，如今几天内即可完成。由于Zara采用"小批量多频次"的生产策略，一款新衣往往先在西班牙本土工厂试产少量，投放市场测试反应。若销量走高，再迅速追加生产；若反响平平，则干脆换下一个款式。通过这样的快速试错，Zara避免了押注单一爆款的风险，转而以雨点般密集的小批量新品赢得市场。这背后柔性生产的精髓就在于：设计端敏捷试错，生产端快速跟进。

- 柔性生产线与自动化切换：传统工厂的生产线往往针对某一种产品高度优化，一旦要改产别的型号，就需要花大量时间重新调整机器。而柔性生产线通过通用装备+智能控制实现了多品种切换。例如，特斯拉的汽车工厂里大量使用了AI控制的机器人手臂，这些机械臂并非被固化为只能干单一工序，而是通过视觉和AI引导，可以在不同车型、不同装配任务间快速切换。一个生产节拍还在给Model Y车身焊接，下一节拍它就可以切换程序去给Model 3涂胶。这样的柔性来自机器人本身的可编程性和AI的自适应——视觉系统让它"看懂"不同零件如何精准对位，机器学习算法让它在组装过程中自行调整力度和角度。再如，波音公司的飞机生产采用了柔性对接平台，以前生产不同机型要有各自的专用工装，而现在一套平台通过自动调节可以满足多种型号的机翼对接。同样，在电子制造领域，富士康等代工厂也引入了柔性生产岛，机器人和工人协作，可以根据订单情况随时改变生产的电子产品型号。柔性生产线的核心价值在于"混线生产"：在同一条线上连续生产出不同规格的产品且效率不减。这使企业能够在同一工厂服务不同市场的定制需求。例如德国西门子的工业自动化部门在美国、欧洲、亚洲的工厂均引入可重构产线，可根据各地区客户定制要求灵活调整，每批次生产几十台"定制版"设备，然后快速切换去生产另一批不同配置的设备——而这一切在过去的刚性工厂是无法想象的。

- 跨国小批量协同：柔性制造不仅发生在单个工厂内，更可以通过数字平台在跨国生产网络中实现协同。比如，美国初创车企Local Motors曾提出"微工厂"概念，在全球不同城市建设小型制造基地，通过共享数字设计，在地化3D打印和组装汽车。虽然Local Motors作为创业公司影响有限，但它验证了分散小批量生产的可行性：2014年他们在芝加哥现场3D打印出一辆"Strati"电动汽车，44小时打印车身，随后两天装配完成。这台车由全球社区共同设计，数字模型通过网络共享，各地只要有合适设备就能生产同样的整车或部件。尽管这种完全去中心化的模式仍在探索，但类似理念已经被大型车企借鉴。在今天，特斯拉的新车型开发往往采用全球协同：加州团队设计数字模型，德国柏林工厂率先试装验证工艺，中国上海工厂紧随其后开始小规模生产，再根据三地反馈完善设计，最后同步放大到量产。整个过程中，各地工厂其实都在小批量试制，发挥各自优势，共同把产品优化到最佳状态，然后再全球铺开生产。可见，柔性生产不等于一家小厂的玩法，完全可以在跨国巨头内部施行，让"大公司也能小步快跑"

通过以上手段，企业实现了从大批量流水线到小批量定制的跨越。这带来的直接好处就是市场适应性的飞跃：产品可以因地制宜、与时俱进。耐克的Express Lane计划正是案例之一——他们在供应链上预留灵活产能，当某地市场出现独特需求（如洛杉矶球迷想要某明星特别版球鞋），设计团队迅速推出新配色或图案，小批量生产立刻启动，使这些限量款在当地门店及时上架。据报道，2018年耐克约有10%的产品收入来自这种快反应的小批量系列。尤其引人注目的是，该年耐克在中国春节推出的特别系列里，约一半产品就是通过Express Lane压缩周期生产的。柔性生产让耐克能够捕捉本地流行文化（如中国生肖元素）、球星转会等瞬息机会，快速提供契合市场情绪的商品，从而赢得消费者青睐。这种"小批量、多频次、紧贴潮流"的模式，已经在快消品、时尚、电子等多个行业开花结果。它标志着企业制造从工业化以来"规模制胜"的单一原则，走向了"柔性制胜"的新纪元：灵活性成为新的竞争力来源。

～

◆ **产销一体与快速响应：打通工厂与市场的"最后一公里"**

柔性生产不仅改变"怎么生产"，还改变"为谁生产"和"生产多少"的决策逻辑。过去，工厂与市场之间往往隔着厚厚的组织墙——工厂根据长周期预测批量生产，市场销售努力消化库存。如果卖不动，只能打折甩货；如果卖太快，工厂赶不上重新生产。而在柔性生产和数字技术加持下，生产与销售正在融为一体，工厂直接对接市场，用最快速度响应需求，实现真正意义上的"以销定产，零时滞供应"。

- 订单驱动生产：电商时代的消费者已经见惯了下单后即时发货甚至当日达，但在更前端，其实制造业也在尝试订单驱动生产（Make to Order）。戴尔公司早在本世纪初就以订单化生产PC闻名，而如今这一理念扩展到了更多行业。特斯拉卖车基本没有库存，每一辆都是订单确定后安排生产，这使其库存周转天数常年不到10天，大大优于传统车企。更进一步，一些服装和饰品电商品牌建立了"零库存"模式：只有当特定款式的订单累积到一个批次，才启动生产，然后几周内交付给消费者。这种模式需要高度柔性的供应链来支撑，因为每批生产数量和内容都不确定。Zara在实体零售领域也实现了某种程度的订单驱动：各门店经理每周根据销售数据上下架新品并向总部下单两次，工厂排产直接由门店实际需求拉动。由于周期极短，一线需求几乎可以实时传递到生产端，从而避免了错判市场导致的大量积压。事实上，Zara能做到几乎半数以上的商品（主要是高利润的新潮款式）基于2-6周内的实时需求预测来生产。这意味着当潮流在变，Zara的生产计划也在不断微调，紧跟客户的脚步。在快销时尚这种高度不可预测的行业，这种产销几乎同步的模式让Zara避开了周期性库存暴增暴跌的陷阱，在业内独树一帜。

- 库存前置与本地化配给：产销一体化并不意味着所有产品都现做现卖，对于规模更大的企业来说，常用的一招是库存前置。耐克的Express Lane在缩短生产周期的同时，也在主要市场附近预先部署原材料和半成品，以便订单一来马上进入生产。例如在中国市场，耐克会在国内工厂储备部分热门鞋款的原材料，当市场部判断某系列将热卖时，立刻通知工厂启用这些预置材料生产追加订单，比传统跨洋运送物料节约数周时间。这种策略实质上是让供应链做"弹簧"，提前压缩弹性以便需要时瞬间释放。同时，通过RFID等物联网技术，企业对渠道库存的掌控也前所未有精确——耐克将RFID标签应用到每双鞋盒上，实现从工厂、仓库到门店的库存流转全程可视。这不仅减少了缺货和积压，还使得库存数据与生产系统实时联动，哪里断货马上就能通知工厂补产。正如耐克管理层所说，RFID是将他们分散的实体门店、仓库和工厂连接成一个整体的关键，使公司能更准确地匹配全球供需。再比如快消品领域，宝洁（P&G）在一些国家和零售商合作部署了VMI（供应商管理库存）系统，实时监测各门店的库存消耗，由宝洁自己的补货算法决定工厂何时生产、配送中心何时发货，无须等零售商下单。这使得生产节奏完全贴合实际销售节奏，产品几乎是"一卖一产"，库存周转效率成倍提高。

- 直面消费者的制造：产销一体的终极形态，是制造商直接从消费者获取需求，并直接将产品交付消费者，中间环节高度压缩。这在过去局限于订制行业（如高级西服定制）的小规模模式，如今正在通过技术走向大众市场。大规模定制（Mass Customization）的典型案例是运动鞋服品牌的在线定制业务：耐克的NIKEiD（现称Nike By You）和阿迪达斯的miadidas都允许消费者在网上选择颜色、材质、刺绣等个性化选项，然后由工厂按单生产独一无二的商品。虽然这类订单量不及标准款，但对生产提出了极高要求，需要单件流、柔性制造来实现。耐克曾经在美国本土试点建立高度自动化的"数字化小厂"，专门生产Nike By You的定制球鞋，从下单到完成仅用几天时间，再递送给本地消费者。这种小型柔性工厂布局在消费市场附近，一方面满足消费者希望快速拿到专属产品的心理，另一方面也减少了运输距离和库存成本。随着3D打印、激光裁剪等技术成本下降，未来我们可以想象更多商品（比如家具、眼镜、电子配件）都走上类似的C2M（消费者到工厂）定制之路。企业将不再依赖大规模库存去"猜"顾客想要什么，而是以按需生产去"答"顾客提出的要求。这种生产销售界限模糊的新模式，极大提高了供需匹配效率，也为消费者提供了前所未有的参与感。

柔性生产模式带来的快速响应，在瞬息万变的市场中无疑是制胜法宝。它突破了传统集中制造的慢周期，让供应链的"长鞭效应"大为缓解，企业不再因为信息滞后而大起大落。更重要的是，柔性生产让企业能够拥抱不确定性：不再害怕需求波动，反而把握住每次变化带来的机会窗口。正如有管理学者总结的："在一个趋势稍纵即逝的时代，胜出的往往不是跑得最大的公司，而是转向最快的公司。"柔性生产正是帮助企业练就"急转弯"能力的关键，使区域性公司也能以敏捷之姿在全球市场纵横捭阖。

分布式本地制造：构筑靠近市场的弹性网络

如果说AI赋能和柔性生产是在提升企业响应速度，那么"分布式本地制造"的兴起则直接改变了企业的全球布局。过去几十年，全球化的代名词是"外包"和"低成本制造中心"。西方企业将工厂搬到劳动力更廉价的发展中国家，形成全球生产网络。但这种过度集中的供应链在21世纪接连遭遇冲击：贸易摩擦、关税壁垒、疫情封锁、物流危机……迫使企业反思"一地生产、全球供应"的脆弱性。于是，一个新的趋势开始形成：将生产重心靠近终端市场，多点开花，打造分布式的制造网络。这种模式通过牺牲一定规模效益，来换取供应链弹性和市场贴近度，被许多跨国公司视为未来战略。而技术进步（如自动化和数字化）则降低了分布式制造的成本门槛，让本地化生产重新变得可行。接下来，我们聚焦几家欧美代表企业，看它们是如何实践"在地制造"，并从中获益的。

～

◆ **趋势与动因：从全球到"全球+本地"的供应链转型**

在探讨案例前，先厘清为什么分布式本地制造在这个时代升温：

- 提高供应链韧性：集中生产意味着鸡蛋放在一个篮子里。一旦主要制造国发生意外（自然灾害、政治事件、疫情等），就会殃及全球供应。分散生产基地则可以对冲风险，实现区域自足。如前文所述，施耐德电气将"本地生产90%本地销售产品"作为目标，就是为了避免单一国家供应中断造成全球断链。2020年新冠疫情暴发时，一些跨国企业发现：在中国的工厂停摆后，如果没有其他地区产能支撑，业务几乎陷入停顿。这深刻推动了企业寻求多元化的区域生产布局。麦肯锡的一项调查显示，超过四分之三的受访高管计划提高供应链的区域平衡，减少对单一国家的依赖。可见，"不要把所有制造基地都建在同一国家"已经成为共识。

- 减少长途运输成本和碳足迹：随着能源价格上升和可持续发展诉求，长距离运输变得既昂贵又不环保。在欧洲出售的一件服装，如果是在亚洲生产，需要经过海运、清关、内陆运输，整个物流链既耗时又排放大量二氧化碳。而如果在欧洲本地生产，则交付时间和碳排放都可大幅降低。许多企业选择近岸生产（Nearshoring）或回岸生产（Reshoring）就是出于这个考虑。例如，意大利奢侈品牌Gucci近年来将部分生产从亚洲移回意大利本土和邻近的土耳其、葡萄牙，以更快响应潮流并减少物流环节的碳排放。再比如，部分家具制造商开始在销售市场所在国建设工厂，用当地木材生产，省去大宗家具跨洋运输的不便和成本。本地制造天然具备运输距离短的优势，也符合日益严格的环境监管和消费者对绿色产品的偏好。

- 关税和政策驱动：全球贸易环境近年出现波动，一些主要经济体提高关税、推动制造业回流本土。为了规避贸易壁垒，跨国公司不得不调整生产布局。例如，2018-2019年美国对中国输美商品加征关税，促使耐克、阿迪达斯等公司将部分鞋服产能转移到越南、印尼等地，甚至在美墨边境地区建厂以享受USMCA（美墨加协议）的零关税待遇。同理，欧洲也在讨论对高碳足迹的进口产品征收碳关税(CBAM)，这将使在境外高排放工厂制造再进口的模式成本上升。在此背景下，"在销售地附近生产"成为规避政策风险的明智选择。施耐德电气北美区总裁就指出："以全球和本地相结合的方式布局供应链，能帮助我们在不确定环境中保持敏捷和竞争力。"通过在各主要市场都有生产能力，企业更有战略主动，不会因为政策变化而腹背受敌。

- 技术赋能本地化：过去，为什么要把制造基地设在劳动廉价的地方？因为劳动力和规模效应对成本影响极大。而今天，自动化和AI技术降低了劳动力成本在总成本中的占比，让发达国家/地区生产的成本劣势缩小。同时，数字化供应链管理降低了多地协同制造的复杂性。甚至有论断认为，我们正在走向"无人工厂"时代——既然机器人生产在哪都差不多，那干脆就在离市场更近的地方造。举个例子，美国一家创业公司Arrival尝试用"微工厂"制造电动货车，只需250人、年产1万辆车的柔性单元，就能在任何城市落地。虽然Arrival自身进展不顺利，但这一概念已被大型车企关注。通用汽车和福特近年都在美国本土大量投资电动车工厂，部分就是看中新技术下本土生产的可行性提升。另外，增材制造（3D打印）的发展也让分散制造更有戏——一些备件、耗材可以在各地的数字化车间按需"打印"，无须中心仓库派送，这实质上是一种极端形式的本地制造。

综上，分布式本地制造兴起的背后，是风险、成本、政策、技术多重因素的合力。而企业从中期望获得的是一个更稳健、更敏捷的供应网络：既有全球范围的布局，又有区域自主运转的能力，被形象地称为"Glocal"（Global + Local）模式。下面我们结合案例，看看这一模式如何具体实践。

~

◆ 欧美企业实践案例：就近制造的战略优势

案例1：施耐德电气 – 区域自给的工业巨擘

作为全球能效管理和自动化领域的领导者，法国的施耐德电气在过去十年积极推动供应链的"Glocal化"。其核心举措包括：在全球主要市场扩大本地生产和采购比例，以及建设智能工厂网络以支撑本地制造。这一战略已使施耐德大幅提升了供应链韧性和市场响应速度。

施耐德提出了一个引人注目的目标：各区域销售的产品有近90%实现在当地采购和制造。为达此目标，公司持续投资各地工厂的扩张和升级。仅在北美，施耐德宣布将在2020年代中期投入10亿美元，用于美国本土8

个生产基地的新建和扩产。这些投资的一大背景，是北美市场数据中心、电网设备需求激增，而AI浪潮进一步推高了对电力基础设施的需求。施耐德选择扩大在美国的生产能力，可以更好地就近满足客户，避免过度依赖墨西哥或海外进口，也降低了潜在关税风险。例如，施耐德在肯塔基州列克星敦的智慧工厂，以及新建的田纳西州工厂，都瞄准为美国客户生产开关设备和配电单元，不再从海外长途运输。同样，在欧洲和亚洲，施耐德也采取"一国一厂群"策略：比如在印度建立多个基地服务南亚市场，在欧洲通过扩厂确保欧盟内部供应。

施耐德电气的"本地制造＋智能制造"是组合拳。一方面，它通过EcoStruxure™工业物联网平台将全球几百家工厂互联，分享最佳实践和实时数据；另一方面，每家工厂又针对本地市场需求进行灵活定制。以列克星敦智慧工厂为例，它部署了自动化生产线和AI能耗优化系统（前文提及的HVAC AI控制就是一例），在提高效率的同时，实现了本土化的小批量定制生产。这座工厂生产的开关柜可以根据北美客户的项目要求调整规格，订单一确认便投入制造，与之前从亚洲工厂标准化生产再进口相比，交付期缩短了数周。更值得一提的是，在全球芯片短缺、原料涨价的背景下，施耐德北美工厂通过灵活采购策略支撑了区域供应连续。管理层在2022年的一次分析师电话会上提到，他们授权区域采购团队"做任何必要的调整"来保障供应链，包括多源采购、寻找替代材料等。这种区域自主权的下放，使各地业务单元能快速应对突发短缺，不必层层请示，大大提升了响应速度。

施耐德电气通过Glocal供应链收获了多重效益：首先是弹性，无论贸易战还是疫情封锁，都能确保各地有本地产能"顶上"；其次是客户满意度，本地生产缩短了交期，也便于提供本地化产品配置，客户体验提升；再次是可持续性，本地供给减少了碳足迹，智能工厂又降低了能源消耗和浪费，有助于公司实现碳中和目标。当然，施耐德也认识到挑战——比如一些地区的二三层供应商能力不足，需要总部支持培养，以及不同区域如何平衡标准化和定制化。但总体而言，施耐德的实践证明，大型跨国工业企业是可以成功转向"多中心、本地辐射"的模式的。这为其他行业树立了标杆。

案例2：特斯拉 – 全球工厂网络与近岸战略

电动车制造商特斯拉堪称21世纪全球制造布局的典范。从创立之初在美国本土生产Roadster跑车的小作坊，到如今横跨三大洲的超级工厂网络，特斯拉的每一步扩张都紧扣"靠近目标市场"的策略。其CEO埃隆·马斯克多次表示，"在产品最终销售的大陆上制造，是降低成本和提高反应速度的关键"。

目前，特斯拉在北美、欧洲、亚洲均建有大型制造基地：美国加州弗里蒙特工厂和德州奥斯汀工厂覆盖北美需求，上海超级工厂辐射亚洲市场，柏林-勃兰登堡超级工厂服务欧洲客户。这种布局带来了直接的优势。例如，上海工厂投产后，中国消费者不再需要等待美国进口车辆，大大缩短了交付时间；同时特斯拉规避了进口汽车的高关税，使Model 3在中国市场的售价大幅降低，销量随之猛增。2021年，上海工厂产量占特斯拉全球的一半以上，成为其最大的单一工厂，不仅满足中国市场，还出口周边国家和欧洲。类似地，2022年投产的柏林工厂令欧洲客户等待新车的时间从几个月缩短到几周，同时特斯拉也不再受欧盟进口法规的掣肘，市场份额稳步提升。柏林工厂以高效率著称：一辆Model Y在这里组装只需10个小时，对比德国本土豪华车需要30小时的装配时间，效率惊人。这部分归功于特斯拉先进的生产工艺（如一体化压铸和"无盒组装"流程）以及高度自动化，但也说明了新建本地工厂可以采用最新技术，一举超越旧有产线效率。长远看，柏林和上海工厂将特斯拉的年产能推向百万量级，却依然能敏捷满足各自所在市场的偏好（比如欧洲版Model Y在软件调校和内饰上更符合当地用户习惯）。

特斯拉还在继续完善其全球制造版图。2023年，马斯克宣布将在墨西哥新建超级工厂，计划年产百万辆面向全球的新车型。墨西哥毗邻美国和拉美，被视为战略要地：在墨西哥生产可以更低成本供给北美市场并利用美墨加协定的零关税，同时靠近南美新兴市场。这是典型的"近岸制造"举措。然而，特斯拉也表现出战略弹性：由于对潜在贸易政策变化的担忧（美国可能重新对墨西哥车辆加税），特斯拉于2024年中暂缓了墨西哥工厂项目，将视政治经济环境再决定推进速度。这一进退有据的决策，体现出企业在全球布局中需要动态权衡，但方向不变——北美、欧洲、亚洲、拉美等主要市场各有生产中心的框架已经清晰。

特斯拉全球工厂网络的成功经验在于：标准化与本地化并举。所有工厂共享公司的核心技术和生产标准（例如相同的软件系统和自动化设备），确保一致的质量和效率；但同时，每个工厂又根据当地情况优化。上海工厂以中国本地供应链为基础，零部件本土化率超过90%，既节省成本又带动了当地配套产业；柏林工厂则招募了大量德国技师，融入德国严谨的工程管理，在细节和品质上不断提升。特斯拉通过这种方式，实现了跨区域的快速复制和扩张：当一种新车型或新工艺在一厂验证成功后，可以迅速推广到网络内其他工厂，形成规模效应。例如特斯拉引以为豪的一体成型压铸技术，最早在加州试点，成熟后不到两年就在上海和柏林复制应用，使这两地生产效率大增。可以说，特斯拉打造的是"分布式的全球超级工厂集群"，既能各自服务本地市场，又能在技术和产能上互为支撑，调配灵活。这为汽车行业的生产组织树立了新标杆。

案例3：耐克 – 制造网络多元化与区域弹性

运动鞋服行业的供应链传统上高度依赖东亚地区（中国、越南等）的工厂。耐克公司在2000年代曾有超一半鞋类产自中国，但近年其供应链策略明显向分散和区域化调整。目前耐克的鞋类生产已遍布超过10个国家，越南和印尼占比最高，中国次之，同时拓展了印度和非洲等新基地。服装生产也是多国分布。这种多元布局提高了耐克应对风险的能力：当2020年疫情导致越南工厂大面积停摆时，耐克迅速将部分订单转移到印尼和中国工厂生产，填补了缺口。此外，耐克还开始尝试在消费市场所在地区建立更贴近市场的制造单元。例如，早些年耐克曾在美国建立过两座高度自动化的鞋类工厂，利用飞织（Flyknit）编织和自动化装配技术小批量生产特定款式鞋履，供应北美市场。这些工厂用工极少、靠机械臂运转，被称为"Nike超级工厂"；尽管后来调整，但其探索了未来将部分生产搬回高成本市场的可能性。耐克的对手阿迪达斯也曾在德国本土开设过"极速工厂"（Speedfactory），利用机器人生产跑鞋，将交付时间从亚洲产的几个月缩短到德国国内的几星期。不过，由于成本原因阿迪后来关闭了试点，将技术转移给亚洲合作厂。尽管波折，这些尝试代表了行业对于区域性、小规模、自动化制造的探索。

目前，耐克更现实的做法是"区域多源"：针对每个大区都有多个国家供应基地，而不让任何一国过度主导。以北美市场为例，耐克主要从越南、印尼进口鞋服，但也从墨西哥和中美洲获取部分供货，以缩短运输时间和避开贸易壁垒。2023年，耐克还与一家在美国本土的鞋类代工厂签约生产小批量经典鞋款，实现真正的美国制造供美国。这既是为了营销（标签上写着Made in USA无疑有号召力），也是供应链多元的一环。在欧洲，耐克加大了土耳其和东欧的产能布局，减少对亚洲的全盘依赖。更有意思的是，耐克将部分生产移回了消费者身边——比如在一些大城市的旗舰店里提供简单定制现场制作服务：顾客可以选择图案，由店内的机器现场打印或绣到T恤和鞋上。这类"店内制造"规模不大，但象征意义强，预示未来制造与零售可能进一步融合。

耐克供应链的当下战略可以总结为：全球选择成本和能力最优的生产伙伴，但同时确保每个主要销售区域都有相对就近的供应渠道，并利用数字化手段整合这些分散的生产。耐克高级管理层曾表示，提升供应链韧性的重要举措包括自动化（减少人工依赖）、区域多元（降低地缘风险）以及数字化计划（提高预测和调度能力）。这些和我们在施耐德、特斯拉案例中看到的不谋而合——分布式本地制造并非一时之风，而是跨行业的共同选择。

∽

◆ 分布式制造的未来：本地化×智能化的深度融合

通过上述案例，我们看到分布式本地制造为企业带来了显著益处：供应链更抗压、市场响应更快、运营更可持续。但同时也要承认，本地制造一定程度上放弃了传统全球化追求的最低成本原则。要让这种模式长久、深入地发挥作用，关键在于智能化和网络化两个方面：

一是智能化赋能本地工厂。当生产单位变小、变散，就必须依靠更高的自动化和数字化来保持效率。好消息是，新一代智能制造技术正是为此而生。我们已经提到很多，如AI在工厂中的应用、机器人劳动力替代、人机协作等等。未来，更多低成本柔性机器人、通用型生产设备、AI优化算法将走进本地工厂，使其具备媲美大型工厂的效率和质量控制能力。比如，3D打印技术的进步可能彻底改变零部件供应模式，让分散的小型制造中心共享数字设计，在当地打印关键零件，不再依赖中央库存。戴姆勒和空客等公司已经在试验用3D打印满足备件的现场需求，一些偏远地区的工厂通过这项技术实现了自给。又比如，云计算和工业互联网可以让本地工厂接入全球的"工业大脑"。小工厂自己未必有顶尖的工艺和管理经验，但可以联网获得AI优化建议、远程专家指导，甚至让AI代理进行日常决策。这样，成百上千的分布式生产节点依旧可以保持先进性和一致性。可以预见，在AI时代，"麻雀虽小，五脏俱全"的智能微型工厂将越来越多，在城市郊区、产业园区兴起，形成对集中化巨型工厂的有力补充。

二是网络化协同。分布式制造不是各自为政，而是网络化的制造生态。就像互联网把分布全球的计算机连接成了一个虚拟超级计算机，未来的制造网络也会把分散各地的生产单位连接起来运转。施耐德的案例已经展示了工业物联网平台如何将40国300厂串联成一体。进一步畅想，若干企业的制造网络甚至可以互联互通，形成更大的制造云。比如，当一家公司当地工厂产能不足时，可以即时协调网络中其他地区的富余产能支援生产，然后通过快速物流调拨。这需要标准化的数字接口和高度互信的合作机制，但技术上并非不可及。类似理念已在一些行业出现萌芽——所谓"制造即服务"（MaaS）的平台，试图整合全球无数中小制造商的能力，让需求方像调用云计算资源一样调用制造资源。届时，一个创新型公司可能自己不建厂，而是把设计文件上传平台，由最合适的当地制造节点生产并配送给市场。这是一种极端的分布式制造愿景，有点类似Uber之于交通、Airbnb之于住宿。如果实现，将大幅降低定制制造的门槛，也让产能利用率最优化。不过这需要解决标准、知识产权、安全等很多问题，在近期还只是前瞻性的方向。

无论如何，分布式本地制造+智能网络代表了全球化新的可能性：它不是逆全球化，而是全球化2.0——既全球协同又区域自治，既有规模经济又有范围经济（Economies of Scope）。对于企业管理者而言，这意味着更复杂也更精巧的布局能力。管理范式需要从"统筹全局"转向"赋能局部"：要相信一线、区域团队的判断力，给予他们资源和权限，让他们在大框架下自主优化。这有赖于企业文化和机制的相应变革。但一旦做到，企业将在风云变幻的国际环境中立于不败之地：因为无论哪里有机会，它都能抓住；无论哪里有风险，它都有第二套方案。

总结：AI时代的全球化跃迁

从区域公司到全球公司，这是许多企业梦寐以求的飞跃。而在AI时代，这个梦想的实现路径与以往大不相同。本章通过分析人工智能、柔性生产和分布式制造三大趋势，我们看到一个全新的全球公司范式浮出水面：

- 它是智慧驱动的：AI使得公司纵然机构庞大、遍布全球，却依然决策迅速、沟通顺畅，仿佛一个灵敏的大脑指挥千军万马。语言障碍、信息延迟正在消失，取而代之的是数据实时流动和智能分析带来的透明和预见性。全球企业第一次可以像经营本地业务一样去经营世界——因为AI让世界变"小"了，也变"快"了。

- 它是柔性敏捷的：新的生产模式让公司能够在变化中茁壮成长，而非惧怕变化。市场的每一次风向变迁，都可以迅速反映到生产线上；每一个消费者的特殊偏好，都可能被纳入产品开发。敏捷成为比规模更重要的竞争力，"大象跳舞"不再是神话。特斯拉、Zara、耐克们已经用业绩证明：快鱼可以吃掉慢鱼，即使慢鱼曾经体型庞大。

- 它是分布均衡的：全球公司的形态从金字塔变成星座，每一颗星都有自己的光芒，又通过网络与其它星辉相连。这样的公司抗击打能力极强，不会因为一处熄火而全局漆黑。同时，它贴近各地市场，更懂得因地制宜地提供价值。在不确定性成为"新常态"的时代，分布式弹性就是企业稳健发展的定海神针。

对于立志从区域走向全球的企业而言，以上三点提供了宝贵的启示和路线图。首先，必须积极拥抱AI，将其视为战略资产而非辅助工具，从高层决策到基层协作都充分运用AI赋能。其次，要重塑供应链和生产模式，打破陈旧的大批量、长周期思维，转向柔性、敏捷、以市场为中心的运营模式。最后，在全球布局上既要有进取心，也要有风险意识，构建多区域支点，学会"在全球中经营本地，在本地中联通全球"的新打法。

可以预见，未来能够称为"超级公司"的企业，一定是深刻掌握了AI和新制造模式精髓的企业。他们或许规模宏大、历史悠久，亦或许初创不久、天生全球化。但无论出身如何，他们都有一个共同点：顺应时代脉搏、勇于自我变革。正如麦肯锡在一份报告中指出的，AI和自动化将为全球经济带来万亿级的新价值，但唯有那些积极投入创新、重塑自身流程的公司才能真正收获这份红利。当今的特斯拉、Zara、施耐德、耐克们，正是在各自领域拥抱变革的先锋，示范了从区域迈向全球的新范式。

让我们想象不远的将来：也许任何一个小型初创，只要有出色创意，就能借助全球分布的智能制造网络，瞬间将产品送达世界各个角落；也许跨国企业的CEO再也不用担心供应链"断链"，因为公司在任何市场都有Plan B在地运作；也许消费者将享受真正的"全球本地化"产品——本地生产的新鲜和快速，加上全球智慧的加持。这一切正逐步变为现实。

"从区域公司到全球公司"不再是一个遥远而艰险的征途。在AI时代，它更像是一场精彩的跃迁：有科技的引擎推动，有模式的创新护航。当我们的企业具备了智能的眼界、柔性的身手和分布的体魄，世界的每一个角落都将是他们施展抱负的舞台。让我们期待并见证更多的区域企业完成这样的蜕变，成为AI时代引领全球变革的新物种，在商业史上谱写新的传奇篇章。

5

第五章 数字时代的品牌全球化征途

"品牌，就是当你不在房间时别人对你的评价。"

— 杰夫·贝索斯（JEFF BEZOS）

在数字经济时代，电子商务和社交媒体为企业拓展全球市场打开了一条高速通道。借助跨境电商平台和数字营销手段，许多新兴品牌以极低的门槛触达全球消费者，实现了品牌的"弯道超车"。本章聚焦电商品牌出海这一炙手可热的话题，探讨企业如何通过电商模式在海外市场取得突破，并结合两个典型案例——KastKing 和 SharkNinja——进行剖析，提炼数字时代品牌全球化的成功要诀。

跨境电商：买全球、卖全球的新动能

电子商务的兴起，使"买全球、卖全球"成为可能。过去，中小企业进入海外市场往往面临渠道垄断、营销成本高昂的障碍；而现在，通过亚马逊、eBay、阿里国际站等跨境电商平台，哪怕是只有几个人的小团队也能将产品卖到全球各地。这极大地降低了国际化的门槛。同时，配合同步发展的国际物流网络和支付服务，一个来自亚洲或拉美的品牌，可以在极短时间内为欧美消费者送去商品并收回货款，从而实现快速的商业闭环。可以说，跨境电商为新兴品牌打开了一条"侧门"进入国际市场。

然而，在数字平台上"开店"只是起点，真正要在海外站稳脚跟，还需要系统的品牌运营策略。毕竟，电商平台上充斥着来自全球的竞争者，如何脱颖而出、建立用户忠诚至关重要。许多成功的出海品牌采取了类似的路径：线上崛起 -> 社群运营 -> 品牌本土化。首先，通过线上销售验证产品受欢迎程度、迅速迭代打磨产品；接着，利用社交媒体和垂直社区与核心用户深度互动，培养粉丝群体；最后，在销量和口碑基础上，进入线下渠道或建立独立网站，提升品牌形象和忠诚度，实现长期可持续发展。

下面，我们通过KastKing和SharkNinja两个案例，来具体分析数字时代品牌全球化的打法。

∽

◆ 案例一：KastKing ——小团队的渔具品牌如何征服北美

KastKing的故事前面第二章已有部分介绍，这里从品牌出海的角度再做回顾。这家创立于2013年的渔具品牌，最初只是个默默无闻的小团队，如今却成为北美钓鱼装备市场的知名玩家，其成功要诀可以总结为以下几点：

精准选品，聚焦痛点：KastKing敏锐地发现北美钓鱼市场的结构性机会——垂钓爱好者众多（美国钓鱼爱好者超5700万），但长期被少数国际大牌垄断，产品价格虚高且创新不足。KastKing定位于路亚竞技渔具这一细分市场，走"高品质、平价"路线，以不到大牌一半的价格提供性能优异的产品。这一精准定位击中了用户痛点，让发烧友们多了亲民选择。

用好跨境电商平台：KastKing几乎完全依靠亚马逊等线上渠道崛起。创始人从一开始就将电商直销定为战略，直接连接中国工厂和海外消费者。他们通过精细化运营亚马逊Listing、积累用户评价、投放站内广告等手段，使品牌在亚马逊渔具品类中迅速冲到前列。亚马逊平台的规则相对公平——只要产品好、评价高，就有机会获得流量。KastKing抓住这一特点，以超高性价比赢得了大量五星好评，形成良性口碑循环，让品牌在短时间内超越了众多欧美老牌厂商。

社交媒体与社区运营：KastKing非常善于在垂直社区中开展营销。他们邀请钓鱼领域的网红（KOL）试用并评测产品，在YouTube上发布教学视频，积累了一批忠实粉丝。同时赞助各类钓鱼比赛和公益活动，在北美钓友圈中不断提高曝光度和美誉度。由于钓鱼爱好者社群相对封闭且重视口碑，这种线上线下结合的营销让KastKing的品牌形象与"热爱、专业"的钓鱼文化绑定在一起——他们卖的不是冰冷的渔具，而是一种共同的爱好与生活方式。有了精神内涵，用户忠诚度自然大大增强。

借力资本，快速扩张：在品牌发展过程中，KastKing并不排斥外部资本的帮助。它引入了知名出海品牌Anker的战略投资，不仅获得资金支持，还借鉴了Anker在跨境运营方面的经验。2024年又完成了一轮5000万元人民币的融资，用于布局线下渠道和组建国际化团队。可见，当品牌做大后及时引入资本和合作伙伴，可以加速海外本地化深耕，构筑长期竞争力。世界舞台竞争激烈，不要闭门造车，善用各种资源才能事半功倍。

重视服务与信誉：KastKing非常注重客户服务和品牌信誉。他们坚持在同价位提供更优质的产品，并以优良服务赢得用户口碑。比如官网展示真实的用户评价、提供快速响应的售后支持，让消费者放心购买。钓具属于重复消费的产品，一旦用户认可品牌，很可能反复购买并推荐给钓友。因此，高复购率和口碑效应成为品牌价值的重要体现。数据显示，2023年KastKing销量超过5亿元人民币，荣登北美线上渔具销量第一——这正是良性循环结出的硕果。

KastKing的成功表明：在数字时代，小团队一样可以凭借跨境电商迅速打造国际品牌，前提是选准赛道、产品过硬、营销给力、信誉为本。有人或许会质疑，KastKing主要在美国成功，经验是否具有普遍性？事实上，它的模式正在被复制到更多行业和市场。不少来自新兴国家的品牌在宠物用品、健身器材、美妆小家电等细分领域，走出了类似路线：先在亚马逊起家→打造社群和粉丝→延伸独立站，逐步从无名小厂成长为畅销全球的品牌。互联网和电商赋予了创业者相对平等的竞争环境，只要敢想敢干、善用数字化红利，就有机会成为下一个"KastKing"。

≈

◆ 案例二：SharkNinja ——并购整合下的全球品牌运营

如果说KastKing代表的是小团队白手起家的品牌出海范例，那么SharkNinja（鲨客忍者）的故事则展示了另一种模式：通过并购整合实现全球品牌运营。SharkNinja是美国知名的小家电公司，旗下拥有Shark（鲨客）和Ninja（忍者）两个品牌，分别专注清洁电器和厨房电器市场。2017年，中国小家电企业九阳的母公司JS环球生活收购了SharkNinja，使之成为其子公司。从那以后，SharkNinja在新东家的赋能下业绩飞速增长：到2024年，年销售额达到近397亿元人民币（约合55亿美元），净利润大增162%。这一并购被誉为新兴市场企业成功整合海外品牌的典范案例。

SharkNinja被收购后，新东家发挥了自身在供应链、研发和数字营销方面的优势，为这个老牌美国家电注入了新活力。具体来说，整合策略主要有以下几点：

精准定位双品牌战略：收购方接手后，并未改变Shark和Ninja两个品牌原有的定位，而是针对市场空白进行了精准把握。在吸尘器领域，当竞品Dyson以高昂价格占据高端时，Shark品牌选择以约Dyson一半的价格提供性能优秀、性价比高的产品，一举夺下北美36.4%的市场份额。在厨房电器领域，Ninja品牌大胆创新，推出行业首创的压力锅+空气炸锅二合一产品（Foodi系列），在英国拿下约48%的市场占有率。这些产品创新瞄准的都是大品牌未满足的用户需求——要么填补价格带空档，要么跨界融合功能。以更亲民的价格提供别人没有的功能，让消费者非常买账。双品牌协同作战，各自深耕细分市场，实现了1+1>2的效果。

本土化研发与技术升级：SharkNinja非常重视结合新东家的技术资源进行本土化研发。2018年，他们在北京设立了机器人研发中心，由知名机器人专家领衔，专攻扫地机器人等智能家电前沿技术。该团队开发了激光雷达SLAM算法，使扫地机避障效率提升70%。到2023年，公司研发投入占净销售额的5.2%（超过2亿美元），在家电行业属于较高比例。有了强大的工程师队伍，SharkNinja的产品迭代速度明显加快，在技术指标上与国际巨头竞争中丝毫不落下风，甚至还占据优势——例如他们率先实现了吹风机的"低温快速造型"功能，新品一上架就在沃尔玛被秒空。这说明将新兴经济体的人才和创新能力与海外成熟品牌结合，能够产生巨大的火花。

数字营销与全渠道运营：在营销方面，SharkNinja充分利用TikTok等新媒体引爆话题。他们总结出一套网红营销的"8步法"，让KOL通过分步骤演示产品用法来吸引用户注意。例如，一个户外烧烤炉的视频完整展示了从组装到烤制的过程，获得18万点赞，带来了可观的销售转化。此外，SharkNinja采取DTC（直达消费者）的双轨运营策略：一方面经营独立站及会员社区，提高复购率和忠诚度；另一方面深耕亚马逊等电商平台，通过Vine计划（邀请优质评测）和A+内容（丰富的品牌故事和功能展示）来提升销量。他们也不放弃线下渠道，在沃尔玛等零售商开设快闪体验店，扩大品牌触达面。这套线上线下融合的营销策略成效显著：据报道，2024年SharkNinja独立站访问量环比提升44%，亚马逊平台销售额达到8000万美元。更重要的是，它证明了新兴市场的数字化营销经验完全可以移植到海外，赋能老牌国际品牌焕发新生。

供应链协同与成本优势：SharkNinja还充分利用了新东家在供应链上的资源，实现成本和效率优势。依托母公司在国内的制造基地和配套体系，他们可以快速大规模生产创新产品，并根据不同市场法规要求进行本地化改造（例如为欧盟市场推出符合新能效标准的版本）。同时，利用弹性的制造能力，SharkNinja能够采取"小步快跑"的产品发布策略——不断推出小改款或微创新产品在市场上测试，快速试错调整。这种敏捷性在传统大企业中并不多见，却是数字时代赢得消费者的关键。凭借中国高效供应链，SharkNinja实现了在全球市场以较低成本推出丰富产品组合，从而在竞争中占据有利地位。SharkNinja案例给我们的启示是：通过资本整合和运营赋能，完全可以迅速做强做大一个国际品牌。与其从零开始在海外培育认知，不妨收购一个已有基础的成熟品牌，在保留其原有市场声誉的同时，注入自身优势资源，实现"借壳生蛋"。当然，并购成功的前提是选择好时机和标的。JS环球当年敢于出手收购SharkNinja，也是看准了小家电行业全球爆发的风口，以及SharkNinja在渠道和品牌上的价值。事实证明，他们的战略非常成功：SharkNinja如今不仅在欧美市场稳居一线，还借助母公司的网络顺利打开了中国及其他新兴市场的销路，成为真正"双循环"的全球品牌。SharkNinja的崛起也说明，新兴市场的资本和智慧正在重塑全球品牌版图。未来或许会有更多类似的跨国品牌整合故事上演，值得全球企业管理者密切关注。

品牌全球化的关键要素

透过以上案例和实践经验，我们可以总结出品牌出海（全球化）的几个关键要素：

差异化且过硬的产品：不论是靠高性价比突围，还是以独特创新取胜，产品硬实力是品牌立足基础。如果产品品质不达标或缺乏特色，再好的营销也只是昙花一现。企业应根据目标市场需求打造有竞争力的产品阵容，做到要么价格优势明显、要么功能体验独特，用价值打动海外消费者。

善用数字平台：巧借Amazon、eBay、Shopee等电商平台，以及Facebook、Instagram、TikTok等社交媒体，能让新品牌以小搏大，在国际市场实现"弯道超车"。数字营销和社群运营是许多出海新品牌的强项，应充分发挥。例如利用亚马逊的推荐算法、网红测评提高产品曝光，或通过社媒话题炒作获取病毒式传播。总之，拥抱数字化渠道，可以极大降低进入陌生市场的难度。

本地化运营：跨境电商成功打开局面后，要想行稳致远，需要深入本地市场运营。在品牌发展到一定阶段，应考虑在主要市场设立本地办事处或团队、建设海外仓，提供当地客服和售后支持。这些举措会增强当地消费者对品牌的信任和好感。此外，要积极融入当地商业生态，例如与本地分销商、零售渠道建立合作。这些都有助于品牌扎根，摆脱对单一平台的依赖。

口碑与社区：抓住细分人群，深耕兴趣社区，提供卓越体验，培养粉丝和回头客是品牌全球化的长久之道。一个品牌要在海外成长，离不开一批铁杆用户的支持。通过优质的产品和服务，将顾客变成朋友、把用户发展为品牌大使。正如KastKing通过钓鱼社群建立起品牌文化，很多出海品牌也在海外运营自己的用户社区，聆听反馈、共创内容。这种社群经营能带来强大的口碑传播力，是传统广告无法替代的。

资本与合作：善于利用外部资源是快速扩张的关键。无论是引入战略投资加速增长，还是与海外华人/当地代理商等资源合作，都能为品牌壮大提供助力。在全球市场单打独斗往往事倍功半，学会借力使力方能事半功倍。这包括但不限于：选择靠谱的海外分销伙伴、与当地知名IP联名、利用跨境支付和物流服务商的网络等。整合各方资源，才能让品牌走得更稳更远。

长期主义：品牌不是一朝一夕建成的，全球化更需要耐心和恒心。营销推广也许能让品牌一时爆红，但要沉淀为真正的全球知名品牌，企业必须在品质、创新和文化上持续投入。不要急于赚快钱、透支品牌声誉，而应放眼长远，坚持"长期主义"的经营理念。统计显示，海外消费者对新品牌建立信任常常需要数年多次良好体验。企业应做好长期耕耘的准备，通过不断优化产品、坚持服务品质、逐步提高品牌溢价，来换取用户持久的认可。唯有如此，才能走得更远，终有一天让自己的品牌像可口可乐、苹果那样被全球不同文化的消费者喜爱和信赖。

站在今天这个时点，我们可以说，全球范围内正迎来一个品牌出海的黄金时代。借助电商与社媒的东风，加之强大的供应链和制造能力支撑，一批批来自新兴市场的品牌在世界各地崭露头角。从垂钓小众圈层到厨房客厅必备品，从线上数字服务到线下实体零售，新兴品牌的身影无处不在。可以预见，未来将有更多"Made in X"变为"Created by X, Loved by the World"的故事上演（X代表任何国家），而电商和数字化仍将在其中扮演关键角色。对于怀揣全球梦的企业来说，现在就是最好的时代。

6

第六章 利用全球资本平台：融资与上市之道

"资本市场是放大器——它会放大好公司，也会放大坏公司。"

—— 沃伦·巴菲特（WARREN BUFFETT）

企业要走向全球，除了战略和模式，资本的力量也不容忽视。善用全球资本市场，不仅能为企业发展提供充沛资金，更能提升品牌国际形象和治理水平。近年来，不少来自中国等新兴经济体的公司积极赴海外上市和融资，掀起一波波热潮。本章我们探讨如何利用全球资本平台（尤其是美国股市）来助力企业腾飞，并总结企业在估值和融资模式上的一些创新做法。

登陆国际资本市场的吸引力

选择在纽约等国际金融中心上市，对许多成长型企业来说具有巨大吸引力。这其中的原因包括：

融资规模和估值更高：发达市场的资本池更深，投资者覆盖全球。优秀的企业往往能在海外融到比本国市场更多的资金，获得更高的估值倍数。例如美国股市对互联网、高科技企业普遍给予较慷慨的增长性估值，这使不少科技创业公司更青睐赴美IPO。更大的融资额意味着企业有充裕弹药进行国际扩张、研发投入或并购整合，为长期发展奠定基础。

上市门槛相对宽松：以纳斯达克为代表的美国资本市场，对企业盈利记录等要求相对宽松，对尚未盈利但高速成长的公司包容度更高。近年来，一些规模还比较早期的科创企业也能通过美国资本市场上市融资（如特殊目的收购公司SPAC的流行，一度让很多初创公司"借壳"上市）。相较之下，许多新兴国家本土资本市场制度偏保守、审核严格，企业上市周期长且要求连续盈利等。这使得"先海外上市，再成长壮大"成为不少创业公司的选择路径。

市场机制灵活、流动性好：美国等成熟资本市场有发达的交易机制和丰富的投资者类型，股票流动性强，便于后续再融资和股权运作。上市后，公司可以更方便地进行增发融资、开展员工股权激励计划、用股票作为并购支付手段等。并且，海外上市能借助国际投行和分析师的覆盖，提高公司透明度和治理水准，长期看有利于公司健康运营。

品牌及国际化形象提升：在纳斯达克或纽交所挂牌，被视为企业走向国际的重要里程碑。对外可以提升品牌在全球范围的知名度和信誉，对内也可增强员工与合作伙伴信心。不少企业将赴美上市作为展示实力、吸引海外客户和人才的手段之一。特别是对于希望拓展海外市场的公司来说，国际投资者的背书有助于打开知名度。例如，一家中国科创企业在美国上市后，更容易赢得欧美客户的信任，认为其技术和治理达到国际标准。

数据也印证了这一趋势。以中国公司为例：2024年在美成功IPO的中国企业达到52家，创历史新高，占全年中国企业IPO总数的一半以上；2025年这种势头继续，仅上半年又有45家登陆美股。这些公司覆盖各行各业，从企业服务、先进制造到新能源、教育、零售等，无所不包。可见，国际资本对新兴市场企业的多元活力给予了认可。当然，其他如东南亚、印度等地的企业近年也纷纷选择赴美或在港交所等地上市，整体上反映了全球资本对高成长市场的兴趣。

跨境上市的挑战与策略

尽管优势多多，企业在利用全球资本平台时也需权衡潜在的挑战与风险：

法规与合规风险：跨境上市意味着要同时满足本国和上市地两套监管要求。如果两国监管框架存在冲突，企业可能陷入两难。以中概股为例，曾因中美两国审计监管分歧而面临大规模退市风险，所幸2022年双方达成审计底稿合作暂时化解。但这提醒我们，地缘政治变化可能随时影响已上市公司的命运。对此，企业需要提前布局应对方案，例如考虑双重主要上市（同时在本国和海外两地上市，以分散风险）、或者选择更友好的资本市场上市等。

投资者偏好差异：不同市场的投资者偏好和评价标准并不一样。比如，美股投资者通常看重故事和增长，对短期盈利要求相对宽松，但一旦失去增长预期，估值可能急剧缩水。相反，有些本土市场投资人更强调稳健盈利，对烧钱换增长模式兴趣不大。这种差异要求企业在跨境融资时调整沟通策略：在美国市场要学会讲好未来愿景的故事，同时持续以业绩证明增长潜力；而在国内/本地市场则要平衡长期投入和短期财务表现，满足投资者的心理预期。准备与流程复杂度：企业赴海外上市涉及搭建红筹架构或VIE架构（可变利益实体）等复杂的法律结构设计，以符合上市地对于境外实体的要求。整个上市流程包括聘请承销商、法律与会计顾问，提交招股书（F-1表格）接受SEC等监管机构审核，路演定价发行股票等环节，每一步都需专业团队支持。尤其对没有海外融资经验的企业而言，找到可靠的中介合作伙伴至关重要。他们不仅能帮助企业合规过关，还会协助公司梳理商业模式、亮点和估值逻辑，向全球投资者讲一个动听且可信的故事。

估值与融资策略：在选择上市地点和时机时，企业应结合自身情况确定估值期望和融资需求。一些企业采取"先上市拿资格，后续再融资"的策略：即使首次IPO融资额不高，先登陆资本市场获得上市公司地位，后续股价上涨后再增发融资。这种策略适用于当前资金需求不大但看重上市资格和窗口期的企业。优点是先小规模融资也能支撑一阵，上市后若表现好可追加融资；缺点是上市时公司规模小，容易出现流动性不足或股价波动剧烈等问题。企业需根据自身资金紧迫程度和发展阶段来权衡。一旦决定上市融资，就要做好充分准备：包括选取合适的估值指标（互联网科技公司通常用市销率PS，传统企业多用市盈率PE等）、寻找可比公司佐证估值水平、精心准备路演资料等。只有让投资者充分理解公司的独特定位和潜在市场空间，才能争取到理想的估值发行。

上市后的持续表现：成功上市只是起点，钟声敲响之后，更严峻的考验在于如何保持增长、满足投资者预期。如果上市后业绩不达标，股价下跌不仅影响融资能力，还可能损害公司声誉。正如一位CEO所言："敲钟那一刻很光荣，但钟声过后，你需要用业绩证明自己配得上这荣耀。"因此，企业在上市时就应有清晰的中长期发展规划和盈利路径，用实际表现去支撑当初的发行估值。这对管理层的战略执行力提出了更高要求。

总体而言，登陆国际资本市场对于志在全球发展的企业而言是加速器。无论美股、港股或其他主要市场，公开上市能给企业带来规范治理、融资便利和品牌背书等诸多好处。但这把"双刃剑"也要求企业更加透明、自律，经得起公众股东和监管的检验。对于企业管理者来说，要善于利用资本市场为己所用，同时不被短期股价波动干扰战略定力。只有将上市融得的资金用好，用在提升核心竞争力上，并持续创造业绩增长，才能真正把资本平台变成全球扩张的强大引擎。

7

第七章 新的生产布局：
多区域联动与全球工厂

"创新就是把生产放到最接近客户的地方。"

— 埃隆·马斯克（ELON MUSK）

全球化2.0时代，世界供应链的版图正在被重新绘制。过去很多制造企业将产能集中在成本最低或效率最高的一个国家，而现在，出于弹性和风险分散的考虑，越来越多公司选择在多个国家布局生产基地，打造跨区域的"全球工厂"网络。特别是在中美贸易摩擦和地缘不确定性增加的背景下，构建多元且有韧性的供应链、规避对单一国家的过度依赖，已成为企业界的共识。

多元化产能布局的新趋势

传统上，劳动密集型制造往往从发达国家转移到发展中国家，例如电子装配从美国、日本转移到东亚"四小龙"，再到中国大陆和东南亚。这是全球化1.0时代的典型布局路径。而在当今的全球化重构中，我们看到产能布局出现新趋势：

"China+I"或"India+I"策略：许多跨国公司在保留其主要制造中心的同时，新增一个或若干个替代生产基地。例如，过去十多年"中国+东南亚"是常见组合：企业在越南、泰国等地开厂以分散对中国的依赖。近年来又出现"印度+东南亚"或"中国+南亚/非洲"等模式。核心思想是，不把鸡蛋放在一个篮子里，在政治、汇率或供应链出现问题时，另一生产基地可承担部分产能，保证供应不中断。

近岸化与区域生产：出于缩短交付时间和贴近市场的考虑，一些企业把工厂设在主要消费市场附近，即"近岸生产"。美国和欧洲的公司将部分产能搬回本土或迁至邻近国家（如美国公司在墨西哥建厂、欧洲公司在东欧布局）即属此例。这种做法一方面利用了区域贸易协定和地理临近优势，降低运输成本和关税壁垒，另一方面也迎合了部分国家的产业政策导向（例如美国推出激励措施吸引制造业回流）。结果就是形成区域性供应链集群：北美供应链、欧洲供应链、东亚供应链各自更为内聚，同时通过一些关键节点彼此连接。资源导向的海外建厂：还有一些产能布局是出于对自然资源和原料的就近获取。例如新能源产业为了掌握锂、钴等关键矿产，会在资源富集地投资加工制造环节。以锂电池行业为例，不少电池和汽车企业在南美的智利、阿根廷等锂矿丰富的国家设厂，把矿产资源就地转化为电池材料或成品，再出口全球。这样做既降低原料长途运输成本，又规避贸易摩擦风险。再如石化、钢铁等产业，企业可能在中东、澳大利亚等能源矿产富集地建立炼化或冶炼基地，以充分利用当地资源和能源优势。这些布局从一个侧面推动了产业链的地理再平衡：生产环节更多地向资源所在地转移。

新兴市场本地化生产：面向广阔的新兴市场（亚洲、非洲、拉美），企业越来越意识到"在市场中生产，服务当地"的重要性。与其依赖跨洲运输，不如就在当地设厂，辐射区域市场。这不仅规避了进口关税和汇率风险，也有利于塑造本地品牌形象、满足当地政府的产业政策要求。例如，多家中国汽车和家电企业近年来选择在拉美的巴西、阿根廷建厂，把"出口产品"转变为"本土制造"，既获得了政府优惠，又缩短了供应链距离。同时还为当地创造就业，建立起和社区、政府的良好关系，为企业长远发展提供了稳定环境。

上述趋势表明，新生产布局的核心目标在于增强供应链韧性和市场适应性。企业通过多区域布局，把风险分散到不同篮子，也更贴近各主要市场和资源地，实现了真正的全球生产网络。当然，多元化布局也带来管理挑战，包括跨国运营的复杂性、各地政策变动、文化和劳动差异等。但总体而言，随着技术进步降低了异地协同难度，这种全球工厂模式将成为大中型制造企业的普遍选择。

拉美与南亚：下一片制造热土？

在新的产能布局版图中，值得特别关注的是拉丁美洲和南亚等过往相对次要的区域正变得愈发重要。以拉美为例，阿根廷正成为部分企业海外建厂的热门地。其吸引力在于：资源丰富（锂矿、农产等）、市场潜力大，政府推行进口替代政策欢迎外国投资建厂。企业在阿根廷生产不仅可方便供应本国和周边市场，还可享受政策优惠和南方共同市场（Mercosur）内部贸易便利。近期就有大型中国车企宣布投资4亿美元在阿根廷建电动车工厂，计划年产10万辆，提供约6000个就业岗位。这将是阿根廷首个中国电动车厂，显然瞄准了当地丰富的锂资源和未来庞大的电动车市场，同时也作为避开贸易壁垒、辐射整个南美的战略支点。除了汽车，锂电池、新能源等行业企业也在加速布局阿根廷，合资建设锂盐提炼和电池组装工厂，以便在原料产地就地完成加工。可以预见，随着新能源革命的推进和南美经济的复苏，拉美有望成为继东南亚、东欧之后又一制造投资热土。

南亚方面，印度、孟加拉、越南、印尼等人口大国同样备受青睐。印度拥有庞大且逐渐技能化的劳动力，加上政府激励政策（如PLI生产激励计划），正吸引智能手机、电子、汽车零部件等产业大举投资。孟加拉在纺织制衣领域已是全球第二大出口国，低成本优势明显。越南凭借稳定的营商环境和开放政策，承接了大量电子装配和轻工制造转移。印尼则依托镍矿等资源，在不锈钢、新能源电池领域吸引中日韩企业投资设厂。这些国家和地区提供了低成本+巨大内需的双重优势，是全球制造业"下一个十年"不可忽视的力量。

当然，新兴制造基地也面临一些挑战：例如拉美有的国家政治经济不稳定，存在高通胀、汇率大幅波动的风险；部分南亚国家基础设施薄弱，电力和物流供应不足；文化差异和当地法规需要时间磨合等。因此，企业在这些地区建厂要做好充分的风险评估和预案。常见的风险管理措施包括：寻找当地可靠合作伙伴、购买政治风险保险、灵活调配产能应对政策变化等。此外，还应提早规划物流网络——如在南美建厂的企业需考虑海陆联运方案，确保产品能顺利运往目标市场。整体而言，尽管挑战存在，但拉美和南亚作为生产布局的新领地，机遇更大于风险。那些率先进入并扎稳脚跟的企业，未来有望享受该地区增长和成本红利的双重收益。

"双洋走廊"：重塑全球物流版图

在全球生产布局讨论中，不得不提到重大跨国基础设施项目对供应链的影响。一个具有战略意义的概念是"双洋走廊"，即打通两个大洋之间的陆路或多式联运通道，形成跨洋运输的新路径。历史上，沟通太平洋和大西洋的要道主要是巴拿马运河。但运河容量有限且受地缘影响，一旦发生拥堵或政治冲突，全球贸易就受阻。为此，南美国家近年来在讨论修建连接两洋的跨大陆铁路。规划中的两洋铁路全长超3000公里，将连接巴西大西洋岸的里约港和秘鲁太平洋岸的钱凯港。如果建成，这条横贯南美大陆的走廊将为内陆国家提供新的出海口。从此，巴西的矿石和粮食可以更快捷地运往亚洲市场，中国的机械设备也能更方便地进入南美腹地。

更宏观地看，两洋铁路被视为中国"一带一路"倡议在拉美的延伸。通过基础设施互联互通，将分属不同区域的市场连接起来，促进跨区域经济融合。这对依赖全球市场的新兴经济体企业具有战略意义。如果两洋铁路顺利推进，未来南美版的"中欧班列"将诞生——就像亚欧大陆的中欧班列为陆路贸易开辟了第三通道（海运、空运之外），两洋铁路也将为南美与亚洲贸易增添一条新通路。这不但补充了现有航运体系，提高全球供应链冗余度和韧性，也为相关产业带来巨大商机。比如，基础设施建设本身将惠及中国的工程承包和装备出口企业；铁路贯通后，当地港口、物流也需要升级，对全球物流企业是机遇。

从企业微观层面看，双洋走廊这样的项目一旦落地，能够显著降低在美洲运营的物流成本并提升效率。举例来说，一家在阿根廷设厂的亚洲纺织企业，过去要把货物经由大西洋-印度洋的漫长航路运回亚洲；若两洋铁路建成，它可以把货运到秘鲁港走太平洋返亚洲，航程缩短许多天，物流成本随之下降。又如，一个在巴西有铁矿的矿业公司，原先铁矿石需通过巴拿马运河运出，受船只大小和运河调度限制；若改为铁路运至秘鲁装上远洋大船，一次可运更多货且免受运河限制，单位运输成本将明显降低。这些对企业来说都是实实在在的效率提升和成本节约。

此外，双洋走廊还具有战略安全意义。当今国际形势不确定性增加，掌握多元物流路线意味着更强的抗风险能力。如果某条传统要道受阻（例如巴拿马运河因自然灾害或地缘因素暂时中断），双洋铁路就可成为替代线路，保障贸易畅通。对于高度全球化运作的企业来说，这无异于给供应链上了"双保险"。因此，全球企业应密切关注这些重大跨区域基建项目的进展，并思考如何将其纳入自身供应链网络的优化中。

总之，新生产布局时代，企业不仅会"选点布局"（挑选合适国家建厂），还要会"借道通行"（利用新的物流通道降低成本）。随着拉美、南亚、非洲等地融入全球制造版图，以及跨洲走廊等项目改善物流，未来的全球供应链将更加多元和立体。在这幅新版图中，那些眼光长远、布局领先的企业，将掌握更大的主动权和竞争优势。

8

第八章 全球化路径的历史借鉴

"历史不会重复，但总会押韵。"

— 马克·吐温（MARK TWAIN）

全球化路径的历史借鉴：AI时代的新路径

过去几十年中，经济全球化的浪潮深刻改变了各国和企业的发展轨迹。原书第八章聚焦于全球化路径的历史借鉴，主要从中国视角展开。然而在人工智能（AI）时代，我们需要跳出中国为中心的框架，从全球视角审视不同地区的全球化经验与战略演变。在本章中，我们将拓展至印度、拉丁美洲、非洲、中东、欧洲等地区，在历史与现代背景下探讨它们如何推动全球化，特别关注这些地区在全球经济体系中的角色转变以及企业国际化策略的演变。更重要的是，我们将强调AI驱动的全球化新路径如何对历史经验进行"改写"与"继承"，并融合探讨现代企业如何利用AI（如供应链管理、国际扩张、全球协同、预测分析等）拓展全球化能力。

为了使讨论更具实战意义，我们将引入多个非中国企业的真实案例（如印度的Infosys、非洲的Jumia、拉美的Mercado Libre、欧洲的SAP和Nestlé等），说明它们在AI加持下如何实践全球扩张。这些跨国公司的故事将为当代企业管理者提供有价值的战略启示，帮助他们理解如何在AI时代借鉴历史经验，重新定位全球战略，实现从区域公司向全球公司的跃迁。

本文力求以通俗易懂而专业严谨的语言风格呈现，结构上将分为若干节，包括全球化的历史阶段回顾、各地区全球化经验（印度、拉美、非洲、中东、欧洲等）、小国的全球化路径经验，以及AI驱动的全球化新路径等。通过这些结构化的小标题，读者可以循序渐进地了解全球化的演进历程、多元经验以及AI时代的新趋势。本章希望为企业管理者提供高度可借鉴且可操作的洞见，帮助他们在瞬息万变的全球环境中，从历史中汲取智慧，用AI武装自己，开辟全球化的新航道。

全球化的历史阶段回顾：从地理大发现到数字时代

要理解各地区在全球化中的角色演变，首先需要放眼全球，回顾全球化的发展阶段及其特征。历史上，全球化并非一蹴而就，而是经历了多个阶段的演进，每一阶段都有不同的主导力量和技术驱动因素。这些历史阶段为当今各国各地区融入全球经济提供了背景和借鉴。

- 地理大发现以前：早期贸易网络的萌芽。在人类文明早期，不同区域之间的经济联系非常有限。古代帝国通过商队和航海建立了零星的贸易网络，例如连接东西方的"丝绸之路"和横贯海洋的香料贸易。从公元前后到中世纪时期，中国、印度、中东和地中海世界逐步形成了跨区域贸易链条。然而由于交通和通讯技术落后，这些贸易量在各自经济中占比很小，商品多为奢侈品，且需要经过多重中介才能抵达终点。早期的跨区域贸易表明，当时的全球化仍处于萌芽，只有在强大帝国维持秩序时（如罗马、中国或后来阿拉伯帝国时期）贸易才能繁荣，而一旦帝国衰落战乱，贸易就会中断。因此，政治力量对早期全球贸易影响显著。

- 地理大发现与殖民扩张（15至18世纪）。15世纪末开始的"大航海时代"开启了真正意义上的全球贸易。欧洲的葡萄牙、西班牙航海家远洋探险，连通了欧洲、亚洲、美洲和非洲。随着航海和火器等科技进步，欧洲殖民帝国崛起，全球范围内的资源和市场开始被纳入欧洲主导的体系。这时期诞生了早期跨国公司雏形——欧洲殖民贸易公司（如英国东印度公司、荷兰东印度公司），它们在全球建立贸易据点，开辟了欧洲与亚洲、美洲、非洲之间的海上通路。然而，这一阶段的"全球化"很不对称：欧洲殖民强国通过重商主义和殖民剥削整合世界，各殖民地主要被视为原料供应地和商品倾销市场，贸易体系是封闭且倾斜的。例如，非洲被卷入奴隶贸易，拉美成为贵金属和农产品的供应地，而印度等地成为欧洲纺织品和工业品市场。当时全球经济体系并非真正自由开放的全球市场，而是殖民帝国范围内的垂直体系。尽管如此，地理大发现使得世界各大洲从此产生经济关联，为后来的全球市场奠定了地理基础。

- 第一次全球化浪潮（19世纪中叶至1914年）。19世纪工业革命和交通革命带来了全球化的第一次浪潮。这一时期，技术进步成为全球化的核心驱动力：蒸汽机和机械制造推动大规模工业生产，铁路和蒸汽船显著降低了陆路和海运成本，电报通讯的出现压缩了信息传递时间。以英国为首的工业国家在全球范围寻找原料和市场，商品和资本跨国流动大幅增加。全球贸易额在19世纪以年均约3%的速度增长，世界出口额占GDP的比重从19世纪初的约6%提高到1914年的14%。这表明商品、资本的跨境流动已成为主要经济现象之一。一些依托全球市场的"新兴经济"也在此时崛起，例如阿根廷和乌拉圭借助冷藏船大量出口牛羊肉，迎来经济黄金期。欧美列强通过自由贸易和金本位货币体系进一步整合全球市场，同时也输出资本建设诸如苏伊士运河、海外铁路等全球基础设施。然而，这股全球化浪潮在1914年第一次世界大战爆发时戛然而止。两次世界大战加上大萧条的冲击，使全球贸易投资大幅萎缩，保护主义抬头，全球化进入中断和倒退阶段。

- 第二次全球化浪潮（1945-20世纪末）。二战后，美国等西方大国主导建立了布雷顿森林体系和关税及贸易总协定（GATT），旨在重建开放的世界经济秩序。国际货币基金组织、世界银行等机构成立，稳定汇率、提供重建资金；关税逐步削减，多边贸易体系形成。接下来的几十年里，全球贸易和投资迅速恢复增长。这一时期的特点是多边主义和跨国公司崛起：欧美日等发达国家企业在全球范围布局生产和销售网络，石油、汽车、电子等产业形成全球供应链。1970年代以来，日本和"亚洲四小龙"等新兴经济体通过出口导向型工业化融入全球市场，取得高速增长。冷战结束后，特别是中国、东欧等的融入，使全球市场真正覆盖几乎所有地区。到20世纪末，世界贸易组织（WTO）的成立标志着二战后多边贸易体制的巅峰，关税壁垒大幅降低，资本流动更加自由。可以说，这一阶段实现了真正意义上的全球市场一体化：商品、资本、技术和一定程度上的劳动力在全球范围流动。许多发展中国家从边缘逐渐进入全球生产网络，全球产业分工体系形成。不过，这一时期全球化的收益分配并不均衡，拉丁美洲、非洲等不少国家在价值链中仍处于不利地位，面临"依附"于发达国家的结构难题。

- 数字时代的新全球化（21世纪初至今）。进入21世纪，互联网和数字技术引领了新型全球化。信息通信技术的飞跃使得数据、知识和服务可以瞬时跨越国界。跨境电子商务、数字服务贸易蓬勃发展，全球价值链进一步细化。中国、印度等新兴经济大国在此阶段崛起为全球经济的主要引擎。同时，AI、大数据、云计算等技术的兴起，开始重新塑造全球商业模式和竞争格局。数字时代的全球化呈现出与以往不同的特征：一方面，数据跨境流动量爆炸式增长，对经济贡献巨大——2023年全球跨境电子数据流动为全球GDP贡献了约2.8万亿美元的价值，已经超过全球货物贸易的总量。世界经济论坛将数据流比喻为现代数字经济的"生命血液"，认为跨境数据流对包括人工智能在内的尖端技术的开发和部署是不可或缺的。这意味着数字信息的自由流动本身成为全球化的重要内容。另一方面，数字全球化降低了企业参与国际市场的门槛——中小企业和个人创业者只要善用数字平台，就有机会触及全球客户。例如，通过亚马逊、阿里巴巴这样的电商平台，小型卖家可以直接向全球出口产品；通过社交媒体和在线广告，企业能够低成本地进行全球营销。这种"微型跨国公司"现象是数字时代的新趋势。然而，数字全球化也带来新的挑战：各国开始关注数据主权和网络安全，数据跨境流动正受到更多管制和壁垒，一些国家实施数据本地化政策，这可能导致互联网的碎片化并影响数字贸易的效率。未来，如何在保障数据隐私安全的同时维持数据自由流动，将是全球化进程中的新课题。

总的来说，历史上的全球化阶段展现了技术、制度与国家力量在不同时期的作用。从早期帝国维护下的贸易通路，到殖民扩张下的不平等贸易，再到工业革命后的自由贸易体系和当代数字网络，每一阶段都给不同地区带来机遇和挑战。正是有了这样的历史背景，我们才能更好地理解印度、拉美、非洲、中东、欧洲等各自全球化历程的特点，以及在AI时代这些地区如何在继承历史经验的同时寻找新的全球化突破口。

下面，我们将深入探讨各区域的全球化经验与案例，并结合AI时代的新进展，分析这些经验对当今企业的战略启示。

印度：从殖民地经济到全球服务中心

历史回顾：殖民影响与独立后的策略演变。印度的全球化之路可以追溯到殖民时期。作为英帝国"皇冠上的明珠"，印度在19世纪被纳入英国主导的全球贸易体系，充当原材料供应地和制成品消费市场。在殖民体制下，印度的经济结构被扭曲：英国从印度大量进口棉花、黄麻、矿产等原料，同时向印度倾销纺织品等工业制成品。这种不平等的贸易关系使印度缺乏自主工业化动力。然而，殖民时期也带来了铁路、电报等基础设施建设，以及英语教育的传播，一定程度上为日后的对外经贸往来奠定了基础。

1947年独立后，印度起初实行了数十年的进口替代和计划经济策略，注重发展本土工业，限制外资进入。这一阶段印度与全球经济的联系相对有限。然而到了20世纪90年代初，印度决心改变闭塞局面，实施重大经济改革，向全球市场开放。1991年的经济自由化措施取消了许多贸易保护和管制，鼓励外商投资，印度由此开始融入全球经济。当时恰逢信息技术革命兴起，印度抓住这一机遇，通过发展软件与服务外包业，成功嵌入全球价值链。可以说，印度利用自身人力资源优势和英语语言优势，找到了参与全球化的独特路径——服务全球化。

角色转变：从资源输出到人才和服务输出。 在全球经济体系中，印度的角色实现了重要转变：从过去主要输出农产品和原料的殖民地，转变为当代全球服务业的重要提供者和人才输出大国。首先是IT和商业流程外包（BPO）产业的崛起。20世纪末，欧美企业为了降低成本、利用时差提供24小时服务，开始将软件开发、客户支持等业务外包到印度班加罗尔、海德拉巴等"硅谷"城市。印度的IT企业如Infosys、Tata Consultancy Services (TCS)、Wipro等迅速成长，在全球承接软件开发和服务外包项目。这些企业采用"在岸+离岸"模式，在欧美设立前端办公室对接客户，在印度本土设立后台交付中心，以高效且低成本的人力为全球客户服务。这种模式不仅为印度创汇，也培养了大量技术和管理人才，提升了印度在全球价值链中的地位。

与此同时，印度依托庞大的海外侨民网络和英语人才储备，在全球专业人力市场上占据一席之地。印度裔工程师、医生、科研人员活跃于全球各国。从硅谷的高科技公司到中东的医院，再到非洲的中小企业，都可以见到印度专业人才的贡献。可以说，印度从"劳务输出"逐步升级为"人才和智慧输出"。这一角色的变化使印度在全球经济中的形象从过去落后的农业国、原料供应国，转变为"世界办公室"和创新人才库。

企业国际化策略演变：以Infosys为例。 印度企业在国际化过程中积累了丰富经验。以印度IT服务巨头Infosys为例，其成长和扩张路径颇具代表性。Infosys创立于1981年，最初只是由几位工程师组成的小团队，起步资金仅250美元。但该公司通过专注软件外包服务，逐渐打开美国市场，并于1999年在纳斯达克上市，成为印度首家在美国上市的IT公司。这极大提升了Infosys的国际知名度和融资能力。此后，Infosys在全球主要市场设立办事处，建立交付中心，并通过严格的质量管理（如CMM等级认证）树立了可靠外包伙伴的声誉。在21世纪的前二十年，Infosys和TCS等一起，引领印度成为全球IT外包的代名词。随着AI和自动化技术的兴起，Infosys也在调整策略，将服务从人工密集型向高附加值的数字解决方案转型。

如今，Infosys积极拥抱AI来提升其全球服务能力。一方面，公司内部部署AI技术来提高运营效率。例如，Infosys近年推出了数百个AI驱动的智能"代理"（agents）来辅助软件测试和质量保证工作。这些AI代理借助谷歌云的生成式AI框架和Infosys自有的智能架构，能够在复杂企业环境中自动执行工作流程、减少人工介入并提高软件可靠性。通过引入智能自动化，Infosys极大提升了为全球客户交付服务的速度和质量。另一方面，Infosys还将AI作为新业务增长点，帮助全球客户实现数字化和智能化转型。2023年，Infosys与谷歌云合作，在其AI平台Topaz下推出Finacle数据与AI套件，为银行业客户提供低代码的预测和生成式AI解决方案。这个AI平台可以帮助银行客户在全生态系统内利用数据，构建AI模型，获得洞察。这表明Infosys不仅在内部运用AI强化自身全球交付能力，也在将AI作为服务输出，巩固其作为全球数字服务领军者的地位。

战略启示：人才、技术与全球协同。 印度的全球化经验对企业管理者有多方面启示。首先，发挥人才优势、参与全球分工是小步快跑融入全球化的有效路径。印度没有在制造业上直接赶超，而是凭借人才和服务在全球价值链中找到定位——这对那些国内市场有限或制造基础薄弱的国家和企业而言，具有借鉴意义。其次，国际化需要依托本土优势，并随着外部环境演变不断升级策略。Infosys等公司的历程表明，先是利用人力成本和时区差提供基础服务，建立信誉；随后顺应技术趋势，向高端咨询和AI领域拓展，实现价值链爬升。企业在国际化过程中，应当持续投入新技术，避免陷入低端外包的"比较优势陷阱"。最后，全球协同和跨文化管理能力至关重要。印度IT企业在全球设点服务客户，管理分布在多个时区的团队，练就了强大的协同管理本领。这种能力对于任何想迈向全球的企业来说，都是必须培养的核心竞争力。在AI时代，跨国团队可以借助协作软件、AI翻译和沟通工具更加无缝地协作，但企业文化和管理流程上的磨合仍不可掉以轻心。

总之，印度从殖民束缚中奋起，凭借服务业成功实现了全球化转型，涌现出Infosys这样利用AI驱动进一步全球扩张的企业。对于渴望国际化的企业而言，印度经验强调了找准自身优势切入全球市场，并通过技术升级不断提高全球价值创造能力的重要性。

拉丁美洲：从资源供给者到数字化新军

历史回顾：依赖与变革并存。 拉丁美洲在全球化历史上长期充当原材料和农产品的供给者角色。自16世纪欧洲殖民者抵达拉美大陆以来，这片广袤土地的命运就与全球贸易紧密相连：西班牙和葡萄牙殖民时期，拉美大量的白银、黄金通过大西洋输往欧洲，奠定了早期全球贸易的一部分；19世纪以后，独立的拉美各国融入英国主导的世界经济体系，出口初级产品（如阿根廷和乌拉圭的牛肉、巴西的咖啡、智利的铜矿、古巴的糖等），进口欧洲工业品。这种单一依赖初级商品出口的发展模式，使拉美经济极易受国际大宗商品价格波动和外部需求影响。而在工业化方面，拉美国家较早地走上进口替代工业化道路（20世纪中叶），试图通过高关税保护本国制造业，以减少对外依赖。然而，进口替代在一些国家收效有限，产品缺乏国际竞争力，最终不少拉美国家仍未摆脱对资源和农业的依赖。到20世纪末，不少拉美经济体经历债务危机和高通胀的困扰，在全球市场竞争力不足。

尽管历史包袱沉重，拉美也一直在寻求融入全球经济的新途径。进入21世纪，在自由化改革和区域一体化（如南方共同市场Mercosur）的努力下，加之信息技术的普及，拉美开始涌现一些参与数字经济和服务贸易的新亮点。尤其近年来，拉丁美洲本土出现了一批互联网和科技企业，利用区域大市场和新技术，开启了数字化时代的全球化尝试。

角色转变：孕育本土跨国公司，从全球价值链边缘向更高环节延伸。 传统上，拉美在全球经济体系中的角色比较边缘，大多数国家处于全球价值链的低端，以出口原料、初级农产品为主，被动地受制于发达国家的需求。然而，随着全球化进入数字时代以及拉美内部市场的发展壮大，该地区正在尝试提升自身在全球价值链中的地位。一方面，通过区域市场规模孕育本土大型企业，另一方面抓住电子商务、金融科技等新兴领域的机遇，直接参与全球数字竞争。例如，巴西和墨西哥近年来诞生了多家独角兽科技公司，涵盖电商、共享出行、金融科技等领域。这些企业的业务首先覆盖拉美区域，进而向全球扩张或被全球巨头收购，实现与全球资本和市场的对接。

值得注意的是，拉美一些企业正在跳过传统工业阶段，以数字化模式切入全球市场。这与以往主要靠出口农矿产品的模式形成对比。新的拉美跨国企业更多依赖创新、商业模式和服务，而非自然资源。例如，阿根廷的Mercado Libre和墨西哥的Bitso（加密货币交易平台）等公司，都是靠数字平台和技术在区域内做大，再受到全球瞩目。拉美正努力从全球化的"价格接受者"变为"价值创造者"：即不仅卖原料，还要输出服务、技术和品牌。这种角色转变虽然仍在初期，但已显现曙光。

企业国际化策略演变：以Mercado Libre为例。 Mercado Libre（美客多）是拉丁美洲最成功的电商和科技企业之一，它的成长历程体现了拉美企业借助数字技术走向全球的路径。成立于1999年的Mercado Libre发源于阿根廷，起初是一家拍卖类电商网站，类似于拉美版eBay。凭借南美洲电商市场的广阔前景，Mercado Libre逐步扩展业务到巴西、墨西哥、智利等十多个国家，打造了拉美地区最大的电子商务和支付生态系统。2017年，它的市值首次突破100亿美元，如今已成为拉美市值最高的公司之一，并在纳斯达克上市。这家公司成功的关键在于构建了本地化的电商生态：不仅有线上市场，还建立自己的支付平台（Mercado Pago）、物流网络（Mercado Envíos）等，解决了拉美地区支付和配送基础设施不足的问题。

进入AI时代，Mercado Libre积极运用人工智能来增强自身平台的竞争力和国际化拓展能力。首先，在平台运营中，大规模采用AI提升用户体验和运营效率。例如，Mercado Libre开发了名为"Verdi"的AI平台，集成了OpenAI的GPT-4模型，应用于客服、内容审核等复杂任务。Verdi平台可以让公司的1.7万名开发人员方便地构建AI驱动的应用，实现许多过去需要人工处理的事务自动化。例如，在客户服务领域，Verdi已经开始自动处理平台上约10%的买家与卖家纠纷，由AI代理自主完成部分仲裁和沟通。这一AI应用的效果是变革性的——据报道，该平台有潜力承担起相当于9,000名客服人员的工作量，每年自主处理金额达4.5亿美元的交易纠纷。这意味着Mercado Libre通过AI极大提高了客户服务的规模化能力，使其能够在用户激增时仍保持高质量服务。

其次，Mercado Libre利用AI改进平台核心功能，例如商品信息处理和风控。在商品管理方面，他们使用GPT-4计算机视觉功能自动识别和标注商品图片，大幅提高了商品目录的扩充效率。语言模型则用于将商品标题和描述自动翻译成西班牙语和葡萄牙语，贴合当地语言细微差别，实现跨国市场的内容本地化。在消费者端，AI还被用于生成自动化的商品评价摘要，帮助用户快速了解产品评价要点，从而提升购买转化率。更关键的是，在安全与信任方面，Mercado Libre每日让AI审查数以百万计的商品信息来检测欺诈行为，准确率接近99%。此外，个性化推荐和通知也有AI的贡献，根据个人喜好定制推送，从而提高用户参与度。所有这些AI应用，使Mercado Libre能够在拉美各国市场提供本地化又高效的服务，以科技实力抗衡来自全球巨头（如亚马逊）的竞争。正因为有了AI赋能，这家拉美企业才能在自己的主场巩固领先地位，并为未来进入其他新兴市场乃至全球竞争做好准备。

Mercado Libre高管明确表示，AI是公司未来战略的核心。创始人兼前CEO马科斯·加尔佩林在交接CEO职位时强调，接下来五年他作为董事长将"非常专注于AI"，帮助公司把握这一平台变革带来的机遇。新任CEO也表示对AI时代的前景倍感兴奋，认为AI将引领公司进入独特的新纪元。可见，从最高管理层到技术实践，Mercado Libre都在全方位拥抱AI，以期巩固其作为拉美数字经济领军者的地位，并谋求更大的全球影响力。

战略启示：后发地区如何借助技术"换道超车"。拉丁美洲的全球化历程告诉我们：一个曾在旧全球化中处于不利地位的地区，可以利用新技术浪潮实现"换道超车"。对企业来说，有以下启示：

1. 立足本土痛点，创新商业模式：拉美的很多传统问题（支付难、物流差、信用体系不健全）在数字时代仍存在，本土企业正是通过技术创新解决这些痛点而崛起。例如Mercado Libre用自己的支付和物流体系弥补了基础设施短板，在此基础上发展业务。这提示区域性企业应善于解决本地问题，这不仅造福本地市场，也打造出可供其他类似市场借鉴的模式，从而具备输出海外的潜力。

2. 直接参与数字全球化，跳过工业阶段：工业化进程的落后并不妨碍拉美企业在数字经济中抢占先机。相对于需要巨额投资的制造业，数字平台和应用更容易由创业公司发起。这意味着新兴市场企业可以直接以数字产品和服务参与全球竞争，而不必等本国工业能力完全赶上发达国家。比如阿根廷的游戏、软件开发公司，能够通过App Store等平台直接面对全球消费者。这种"跳跃式"全球化方式值得其他发展中地区企业重视。

3. 拥抱AI等新技术，提高全球竞争力：后发企业若想在国际上与发达国家企业抗衡，必须敏锐运用新技术弥补自身资源劣势。Mercado Libre用AI提升效率、降低风险、优化体验，就是很好的例子。对于资源禀赋有限或资金不足的企业，AI等技术是一种"倍增器"，能以较小投入带来性能和效率的大幅跃升，从而在竞争中取得优势。

4. 区域成功可以成为走向全球的跳板：拉美企业往往先在区域市场取得主导地位，然后再考虑国际扩张。这说明对于很多企业来说，先做强区域（或细分领域）龙头，有了规模和经验，再复制模式到其他类似市场，会更加稳妥。比如Mercado Libre若想拓展其他发展中地区市场，就能把在拉美积累的技术和经验移植过去。中国企业的"一带一路"出海很多也是类似逻辑。企业全球化并非要一开始遍及全球，可考虑"区域->全球"的渐进路径。

总的来说，拉美的经验给广大后发市场企业带来信心：尽管起点不同，但凭借创新和技术，同样可以在全球化舞台上占有一席之地。而在AI时代，数字技术正重塑游戏规则，机会之窗正在打开，关键在于企业能否及时抓住。

非洲：后发的跨越式全球化探索

历史回顾：被动全球化的遗产与当代困境。 非洲与全球化的渊源可以追溯到很早，但大部分时间里非洲是"被全球化"的一方。在15世纪大航海时代之后，非洲逐渐被卷入全球贸易体系，但方式极为惨痛——奴隶贸易使数以千万计的非洲人被强制带到美洲，成为殖民经济的一环。这不仅造成非洲人口和社会的巨大创伤，也奠定了此后几个世纪非洲在全球经济中被边缘化、压榨的地位。殖民时代（19世纪末至20世纪中期），非洲大陆几乎被欧洲列强瓜分殆尽，殖民经济模式强调出口单一的矿产或农作物（如刚果的橡胶、南非的黄金、加纳的可可等），各殖民地经济被高度外向型地设计为宗主国服务。这种模式造成非洲国家独立时普遍经济结构单一、工业基础薄弱、内部交通和区域贸易联系欠缺。

20世纪下半叶，非洲国家陆续独立，试图改变殖民经济的单一结构。然而冷战博弈、国内政治动荡以及不公平的国际经济秩序，使很多非洲国家未能建立起自主工业体系，反而陷入债务和贫困困境。到20世纪末，非洲在全球贸易和投资中的比重依旧很低，大多数国家仍以出口初级产品为主，制造业几乎没有融入全球产业链。在全球化竞赛中，非洲可以说是"最晚出发的选手"之一。

角色转变的契机：区域一体化与数字时代的"跨越"。 进入21世纪，一些积极变化为非洲融入全球化提供了新契机。一是区域经济一体化的推进。非洲国家意识到各自市场规模有限、各自为战难以吸引投资，因此加强了区域合作。南部非洲发展共同体（SADC）、东非共同体（EAC）等区域组织，以及更宏大的非洲大陆自由贸易区（AfCFTA）的启动，旨在打破殖民时期画定的市场分割，形成大市场以提升对全球资本和贸易的吸引力。一个统一的非洲市场将有助于本土企业成长壮大、提升规模经济，从而增强国际竞争力。

二是数字技术带来的"跨越式"机遇。非洲在传统工业化赛道上落后许多，但在移动通信和互联网领域，反而在某些方面实现了跳跃。例如移动电话在非洲的普及使该大陆在人均固话极低的情况下直接进入了"移动通信时代"。由此产生的移动支付和数字金融（最著名如肯尼亚的M-Pesa移动支付系统），使大量非洲人第一次享受到了现代金融服务。数字技术降低了基础设施不足带来的障碍，也催生了一批创新创业公司。近年来，尼日利亚、肯尼亚、南非等地出现许多科技初创企业，被称为"硅角"（Silicon Savannah）等。特别是在电子商务、金融科技、在线教育等领域，非洲本土企业正蓄势待发，探索适合非洲环境的模式。例如尼日利亚的Flutterwave成为非洲领先的在线支付公司，与全球支付网络对接；肯尼亚的Twiga Foods用数字平台连接农民和市场，提升农产品供应链效率。这些创新都在一定程度上将非洲更紧密地连接到全球数字经济中。

企业国际化策略演变：以Jumia为例。 在非洲企业中，Jumia是一个引人注目的名字。成立于2012年的Jumia被誉为"非洲的亚马逊"，是非洲首个覆盖范围最广的电子商务平台。Jumia的出现，标志着非洲开始产生服务整个大陆的本土互联网企业。与欧美或中国的电商不同，Jumia所面对的是一个碎片化且基础设施薄弱的市场：54个国家各有不同的法规、货币和语言，物流网络不健全，网络支付渗透率低，消费者信任度也不高。为了在这样的环境中生存，Jumia采取了一系列本土化和创新策略。例如建立自己的物流部门来解决"最后一公里"配送难题，提供货到付款以解决信用卡普及率低的问题，在各国开展本地营销建立品牌信任度等。

Jumia的国际化特点首先体现在跨国经营上。虽然Jumia的主要市场都在非洲，但它一开始的视野就是跨越国界的。Jumia目前在埃及、尼日利亚、肯尼亚、科特迪瓦、摩洛哥、南非等十多个非洲国家运营，在迪拜设有总部之一，以协调整个泛非业务。这种泛非布局使Jumia成为真正意义上的"非洲区域性跨国公司"。2019年，Jumia在纽约证券交易所上市，这不仅为其融资扩张提供支持，也标志着全球资本市场对非洲互联网机遇的认可。

进入AI时代，Jumia也在积极利用AI技术来优化其业务运营、提高竞争力。根据Jumia现任CEO的分享，Jumia已经在客户服务和内部开发等领域运用了AI。例如，在呼叫中心，Jumia部署了AI聊天机器人来自动处理客户查询，如订单状态查询等。结果是呼叫中心人力需求降低，但订单处理能力反而增强——AI机器人能够7×24小时快速响应常见问题，只有复杂询问再交由人工处理。这显著提高了客户服务效率、节省了成本。此外，Jumia的工程师也在日常工作中借助AI工具，以提升研发效率。公司鼓励开发人员使用AI助手来审查和改进代码，甚至生成代码片段。这使得Jumia的技术团队生产力成倍提高，在资源有限的情况下可以更快地改进产品和功能。可以说，AI成为Jumia这类非洲企业实现"以小博大"的利器——既缓解了人力和基础设施不足的瓶颈，又增强了在多国同时运营的管理能力。

值得一提的是，Jumia在面对国际竞争时，通过深耕本土和运用技术，形成了一定优势。近年来，中国的跨境电商平台（如Shein、Temu）开始进入非洲市场，以超低价和补贴攻势试图夺取客户。但Jumia凭借多年经营建立的物流网络和本地化服务，依然保持了领先。据报道，Jumia在尼日利亚等主要市场的订单量和GMV（成交总额）依然稳健增长。Jumia提供货到付款和本地客服，赢得了消费者信任，这是外来平台难以短期复制的。这说明对于立足本土的非洲企业而言，了解当地消费者、构建扎实的运营网络，再辅以AI提升效率，完全有机会抵御外来竞争，在本区域全球化中取得胜算。

战略启示：在艰难环境中借力腾飞。 非洲的全球化探索对企业管理者尤其是在资源匮乏环境中的企业有以下启示：

- 借助新技术弥合基础设施差距：非洲很多传统基础设施不足，但移动互联网的普及让企业可以通过技术"跨越"过去的障碍。例如手机支付跳过了银行网点不足的问题。同样，对于缺乏线下渠道或资源的企业，考虑数字化方案也许能找到捷径。AI进一步提供了"用技术代替人工"的机会，让企业在资金和人才有限的情况下也能提供高质量服务（如Jumia用AI客服降低人工成本）。

- 本地深耕与泛区域视野并重：非洲企业的成功经验在于既深刻理解本地市场、针对性解决问题（如Jumia针对非洲的支付痛点采取货到付款），又有跨国经营的抱负，从一开始布局多个国家市场。这种"立足本土，放眼区域"的战略值得其他地区企业学习。因为很多发展中国家单一市场有限，只有扩展区域乃至全球市场才能实现规模经济。企业需要有区域整合的战略眼光，同时在执行上又要一地一策，尊重本土差异。

- 培育信任与适应文化：在全球扩张中，企业必须赢得当地消费者和合作伙伴的信任。这对曾饱受欺诈问题困扰的非洲市场尤为重要。Jumia通过本地团队和服务赢得用户信任，表明再先进的技术也需要辅以文化上的适应和信任建设。因此企业在新市场应投入建立信誉和品牌形象，AI也可用于监测和提高服务质量、确保用户满意度，从而建立良好口碑。

- 政府和政策的作用：非洲区域一体化让企业受益匪浅，说明政策环境改善能大大促进企业全球化。对于企业管理者而言，关注和参与所在区域的经贸合作倡议，利用好政府提供的跨境便利（如自由贸易协定降低关税、数字经济协定促进数据流动）都能为企业国际化加分。

总而言之，非洲作为全球化的后发参与者，正尝试利用AI等新技术实现跨越式追赶。企业在条件不利的环境中也能有所作为，关键在于创新、韧性和对技术的敏捷运用。面对AI时代的新机遇，非洲的故事还在书写中，但它已向世界展示出一幅充满希望的图景：借助数字化力量，后来者也可以在全球经济中找到属于自己的舞台。

中东：从石油经济到科技新力量的转型

历史回顾：贸易十字路口与石油财富。中东地区自古就是连接欧亚非的贸易十字路口。公元7世纪伊斯兰文明兴起后，中东商人活跃于丝绸之路和印度洋航线上，推动了中古时期的全球贸易。但是进入近代，特别是奥斯曼帝国衰落后，中东在全球化中的地位有所降低。直到20世纪，由于石油的发现，这一地区重新获得了全球经济中的战略地位。中东的海湾国家凭借丰富的石油和天然气储量，在二战后成为世界主要的能源供应者。沙特阿拉伯、伊朗、伊拉克、阿联酋、科威特等国通过石油出口获取了巨额财富，也与欧美、日本等工业国建立了紧密的贸易和投资联系。可以说，石油是20世纪中东全球化的核心纽带，为该地区融入全球经济提供了基础。然而，这种融入方式相对单一：经济结构过度依赖资源出口，同时工业和科技基础相对薄弱。本地的企业多为石油相关产业，其他领域的跨国企业较少。

此外，中东地区地缘政治局势复杂，战争和冲突频仍，也影响了其经济全球化的进程。例如波斯湾战争、伊朗长期受制裁等，都使部分国家无法充分参与全球贸易与投资。尽管如此，一些较稳定富裕的海湾国家

（如沙特、阿联酋、卡塔尔）在石油财富支撑下，通过主权财富基金积极进行全球投资，购买外国资产和公司股份。这让中东的资本以投资者角色活跃在全球市场，但本土经济的多元化和本土跨国公司的崛起一直是中东的课题。

角色转变：油气输出者向区域科技与投资中心的转型。随着全球向低碳经济过渡的趋势，以及石油价格波动带来的不确定性，中东国家近年来普遍意识到必须摆脱对石油的过度依赖，向多元化经济转型。其战略重点之一就是发展高科技产业、数字经济，打造区域创新中心和全球投资中心。这意味着中东希望从仅仅是"能源供给者"转变为"技术和资本输出者"。主要体现在几个方面：

一是国内推动科技产业。海湾国家投入巨资建设科技园区、创新城，比如迪拜的互联网城、阿布扎比的Masdar城，沙特正在兴建的未来新城NEOM等，都是试图培育本地的高科技产业集群。此外，许多国家制定了国家AI战略、数字化愿景，如阿联酋在2017年就任命了全球首位AI事务国务部长，并发布AI战略，希望在2031年前成为AI领域的领导者之一。沙特的"愿景2030"也强调发展科技、旅游、新能源等非石油产业。这些举措标志着中东正试图成为AI时代的创新高地，扭转其在上一轮科技浪潮中落后的局面。

二是吸引和培养科技人才。中东本地技术人才相对不足，因此一些国家通过教育改革和开放移民政策来弥补。例如阿联酋推出"黄金签证"计划，给予高技能专业人才长期居留，以吸引全球的科学家、创业者落户迪拜、阿布扎比等地。同时，建立本地大学和研究机构（如沙特的KAUST科学技术大学、卡塔尔的教育城），与西方名校合作，培养下一代工程师和研究人员。人才是科技崛起的关键，中东国家正不遗余力地从全球挖掘和培养人才资源。

三是通过投资成为全球科技版图的参与者。拥有雄厚资金的中东主权基金近年来成为全球科技投资的重要玩家。比如沙特公共投资基金（PIF）和阿布扎比的Mubadala、ADIA等，都在硅谷和世界各地投资高科技企业及创业基金。著名的软银"愿景基金"背后就有沙特和阿联酋的巨额出资。这种战略旨在以资本为纽带，将全球前沿技术和中东连接起来。近期的例子包括：沙特PIF旗下成立了名为「HUMAIN」的国家AI公司，计划在未来五年部署几十万片英伟达芯片建立大型"AI工厂"；阿联酋的

G42公司与美国微软合资创立了价值1000亿美元的AI项目MGX，意图建设中东的AI算力中心。更引人注目的是2023年宣布的"星门（Stargate）"项目——在阿布扎比建设全球最大规模的AI算力和研发中心之一，集成美国OpenAI等公司的数据中心和顶尖芯片，由G42负责建设。这被称为"除北美外最大的AI基础设施枢纽"，有望把阿联酋打造成全球AI计算能力的新输出地。正如一位中东研究人士所说："算力就是新石油"——中东希望利用其资金和地理优势，成为21世纪为全球数字经济提供"算力"和技术解决方案的中心。

四是本土企业的国际化。在非油领域，中东也开始涌现一些本土跨国企业。例如总部迪拜的物流企业Aramex成功拓展中东及全球市场；航空业的阿联酋航空、卡塔尔航空通过优质服务建立了全球品牌；还有像Souq.com这样的电商（后来被亚马逊收购）和Careem这样的网约车企业（被Uber收购），都显示出本土创业力量在全球科技版图上占有一席之地。虽然中东还没有出现谷歌、亚马逊级别的科技巨头，但通过本土创业或与国际合作，这里的企业开始走出区域、服务全球。例如，阿联酋的G42公司不仅在本地做AI云服务，还积极与全球公司合作，在医疗健康、城市安全等领域推出解决方案，并将业务拓展到亚洲和非洲等地。中东北非地区最大的电信公司，如沙特电信（STC）和阿联酋电信（e&），也在积极投资5G、物联网等新技术，并寻求国外市场机会。

战略启示：资源富国的再定位与AI驱动的突破。中东的经验对于那些资源丰富但经济结构单一的国家，以及希望后来居上的企业，有以下启示：

- 前瞻性投资未来产业：中东的转型在很大程度上是政府主导、自上而下的，这凸显了战略远见的重要性。在企业层面也是如此：当主营业务（如石油）在未来可能衰落时，就必须提早布局新业务领域。AI时代瞬息万变，企业应当未雨绸缪，将部分资源投入到人工智能、可再生能源、数字化服务等未来增长领域，哪怕这些领域短期内不能立即带来盈利，也是在为长期竞争力做储备。

- 充分利用资本优势，通过合作弥补技术弱项：中东国家用资金吸引合作伙伴、投资国外高科技，实际上是在用资本换技术。对于有资金或市场优势但技术不足的企业，可以采用类似策略：通过并购、战略投资或者合资，引进先进技术和人才。这比闭门造车更为高效。中东与NVIDIA、微软、软银等的合作，就是以互利方式将全球创新链条的一部分拉入本地，为自身培养生态。

- 基础设施建设要超前：如果想成为区域乃至全球的科技中心，就必须有超一流的基础设施作为底座。中东在数据中心、5G网络、云计算设施上大手笔投入，例如直接打造世界级的AI数据中心群。企业在自身能力范围内，也应重视数字基础设施建设，如建立良好的数据管理平台、IT系统，引入适合的AI工具等。这些"看不见的基础设施"将决定企业能否在AI时代的全球竞争中站稳。

- 转型需要人才与教育：中东的经验反复证明了引进和培养人才的重要。对于企业而言也是一样，数字化和AI转型首先是人的转型。要么从外部吸引懂AI和全球业务的人才加盟，要么对现有人才进行数字技能培训。没有人才的掌握，再好的AI战略也是空谈。

- 善用地缘和政策优势：中东地处亚非欧交汇，利用这一地缘可成为全球业务的中转枢纽。同理，每家企业也都有自己的独特优势或主场，例如对某区域市场的理解、某领域的专业积累等。战略上应该发挥这种独特性，作为切入全球市场的立足点。同时积极争取政策支持，例如参加政府的试点项目、利用税收优惠区等，加速自身国际化进程。

总而言之，中东正尝试把自身定位从"20世纪的石油仓库"转变为"21世纪的算力和创新中心"。这一雄心如果实现，将改写历史对该地区的刻板印象。对于企业来说，中东转型告诉我们：即使过去在全球分工中角色单一，也完全可以通过坚定的战略转移和AI驱动的突破，实现令人瞩目的角色转变。关键在于有没有决心和耐心去布局未来，并整合各方资源朝着新方向前进。

欧洲：传统强国的全球化坚守与新挑战

历史回顾：全球化先驱与转型。 欧洲在全球化历史中扮演了极其重要的角色。从地理大发现以来，欧洲一直是全球化的主动推动者和主要受益者：15-19世纪的殖民扩张为欧洲累积了巨大财富，率先进行工业革命的英国等国主导了19世纪的全球贸易和投资网络；两次世界大战虽然重创欧洲，但战后通过美国援助和经济合作（如欧洲共同体前身）的努力，欧洲各国迅速重建经济并再次融入全球市场。德国、法国、英国等在20世纪下半叶仍是全球主要出口国和资本输出国。可以说，欧洲列强是经典全球化规则的制定者之一。

然而，二战后欧洲面对新的全球化格局也做出了调整。一个重大改变是区域一体化：通过建立欧盟（以及欧元区），欧洲内部形成了统一大市场和规制体系。这不仅消除了成员国间的贸易壁垒，使欧洲作为一个整体在全球更具竞争力，也使得很多欧洲企业得以在一个超国家市场中做大做强，然后以欧盟为基地参与全球竞争。欧洲的大型跨国公司（如德法的汽车制造商、工程公司，英国的金融与服务企业等）很多都受益于欧盟的统一市场和对外贸易谈判力量。

冷战结束和欧盟东扩则进一步增强了欧洲在全球经济中的地位，至少在人员和资本流动上，欧洲实现了高度自由化。欧洲公司在全球各地投资设厂、并购重组，欧洲也是全球外国直接投资（FDI）的主要来源和目的地。欧洲的全球化之路更多体现为"双向开放"：一方面将欧洲标准、资本、品牌输出全球，另一方面也接受来自美洲、亚洲的资本和商品进入欧洲市场。

进入21世纪，欧洲面临全球化的新挑战。一方面，新兴经济体（尤其亚洲国家）的崛起在制造业和部分高科技领域对欧洲形成竞争压力；另一方面，欧洲自身的人口老龄化、劳动力成本高等问题使传统产业优势削弱。此外，2008年金融危机、欧债危机、英国脱欧等一系列事件，加之近年来某些逆全球化思潮，让欧洲对全球化的态度变得有些矛盾和复杂。尽管如此，欧盟整体仍然坚持多边主义贸易体系，欧洲企业也普遍支持开放市场和全球布局，只是在内部加强了对全球化负面影响的缓冲机制（如更完善的社会保障、劳工保护，以及对关键产业的适度保护）。

角色转变与坚守：从全球主导到共享多极化舞台。在全球经济格局中，欧洲的角色可概括为"由中心到一极"：19世纪欧洲是毋庸置疑的世界中心，20世纪上半叶让位于美国，21世纪又出现了中美欧三足鼎立、多极化的态势。欧洲不再像殖民时代或工业革命时期那样独占鳌头，但依然是不可忽视的极其重要的一极。欧盟作为一个整体的经济总量与中国相当，略次于美国。欧洲的优势领域依然明显：高端制造、奢侈品和品牌、汽车工业、化工制药、航天和军事工业、金融服务等等，欧洲企业在全球名列前茅。例如空客在民航飞机市场与波音双雄并立，路易威登、爱马仕等品牌在奢侈品领域主导全球；德国产品因品质卓越在机械装备市场有口皆碑。

不过欧洲也在新兴科技领域面临挑战。互联网和消费电子时代被美国和东亚主导后，欧洲决心在AI、工业4.0、绿色科技等新领域不再落后。德国提出"工业4.0"战略，引领制造业数字化转型；欧盟推动严格的数据和AI监管，试图以"可信AI"立规，打造自身特色的数字经济模式；同时欧洲各国政府和企业加大研发投入，希望培育出更多本土的科技龙头。近年来欧洲已经孵化出Spotify、Skype（已被微软收购）、SAP、ASML等在各自领域举足轻重的科技公司，但在消费平台和AI基础模型上尚无等量级玩家。这方面欧洲的角色更多是规则制定者而非市场主导者——通过监管和标准（如GDPR数据保护法、AI伦理准则），欧洲在全球数字治理上扮演了重要角色，也在一定程度上影响着跨国公司在全球的运营方式。

企业国际化策略演变：以SAP和Nestlé为例。欧洲的跨国企业历史悠久，从殖民时代的东印度公司到工业时代的西门子、壳牌，再到当今的诸多行业冠军。这里选择两个具有代表性的欧洲企业案例：SAP和Nestlé，分别展示欧洲企业在数字时代和供应链全球化中的作为。

SAP：欧洲企业软件巨头的AI转型。SAP成立于1972年，总部位于德国，是全球最大的企业管理软件（ERP）提供商之一。SAP的崛起体现了欧洲（尤其德国）制造业与软件服务结合，在全球占据高端市场的策略。SAP的软件被全球数万家企业用于管理财务、供应链、人力资源等业务，在全球ERP市场长期占有领先地位。作为一家高度国际化的公司，SAP在180多个国家开展业务。这既得益于其产品本身需要全球大型企业的多国部署，也归功于欧洲开放的市场环境和SAP善于跨文化经营的能力。

进入AI和云计算时代，SAP面临新兴对手（如美国的Salesforce、Workday等SaaS企业）的挑战，必须通过创新保持竞争力。为此，SAP在过去几年大力推动云转型和AI融合。一方面，SAP将其软件迁移到云平台上，提供订阅式服务；另一方面，把AI嵌入各种业务流程中，主打"智能企业"概念。例如，SAP在客户支持与运维中广泛部署了AI和机器学习。据报道，SAP现在每天处理的客户支持请求中有超过一百万次是由AI辅助完成。他们开发了50多种AI驱动的支持案例，包括自动分类故障单、预测性地识别潜在系统问题等。AI聊天机器人还能在客户输入问题时实时推荐解决方案或相关文档，提供24小时不间断支持。这些举措极大提高了SAP全球客户支持的效率：一方面客户得到更快响应，另一方面支持团队能够把人力聚焦于复杂疑难问题，而常规问题交给AI处理。这对于服务遍布全球的大型客户群体来说，是至关重要的服务能力提升。除了支持领域，SAP也将AI拓展到财务、供应链、采购等企业管理领域。例如在财务处理中，AI可自动审核发票、发现异常；在供应链上，机器学习可根据历史数据优化库存和生产计划；在人力资源上，AI可筛选简历、预测员工流失等。通过将AI融入核心产品，SAP希望保持其企业软件领域的领先地位，并帮助客户实现业务流程的智能化。

SAP的经验体现了欧洲传统科技企业在AI时代的自我革新。它没有固守既有成功，而是积极求变。例如SAP与芯片巨头NVIDIA建立合作，将生成式AI引入SAP的数据分析产品中；又如推出名为SAP Business AI的平台，将AI算法无缝集成到各业务模块，让用户企业能方便地使用AI功能。这表明欧洲企业虽然在消费互联网领域错失良机，但在面向企业的工业软件和服务领域，通过AI实现"弯道超车"仍大有可为。

Nestlé：全球供应链巨擘的智能进化。作为另一案例，Nestlé（雀巢）是总部位于瑞士的食品饮料行业跨国巨头，以其全球供应链之广和品牌矩阵之丰富闻名。成立于1866年的雀巢经过一个半世纪的发展，产品行销190多个国家，是名副其实的全球化公司。雀巢的全球化策略一向是深入本地市场、收购本土品牌、同时推行全球统一的质量与管理标准。这使其成为研究供应链全球化和本地化结合的经典样本。进入21世纪，雀巢意识到AI可以帮助它在庞大复杂的供应链和产品开发过程中取得效率和创新优势，因此也大力投入AI应用。

在供应链与生产制造方面，雀巢利用AI实现了多重优化和成本降低。比如雀巢采用AI驱动的预测性维护系统监控工厂设备。通过分析机器实时数据，AI能提前发现设备磨损或故障征兆，从而安排预防性检修，避免意外停机。这降低了设备故障率和停工时间，也节省了维修成本。另外，雀巢在工厂引入机器学习算法优化原料用量和配方，使生产过程中的废料和损耗降到最低。在质量控制上，计算机视觉技术被用于自动检测生产线上产品包装或成品的缺陷，及时剔除不合格产品，减少质量问题。这些AI技术的应用让雀巢的制造过程更加精益和可持续：据案例分析显示，雀巢通过AI优化运输路线降低了燃料消耗和碳排放；通过自动化质检和原料优化，减少了浪费和返工。这些举措不仅节约成本，也符合雀巢在可持续发展方面的长期目标，提升了企业形象。

在产品创新和营销方面，雀巢也充分利用AI洞察消费者需求、加速新品开发。雀巢建立了AI分析平台，实时收集全球各市场的消费者反馈、社交媒体趋势、销售数据等，然后用自然语言处理和数据挖掘技术分析消费者口味和健康偏好。通过这种方式，公司能够快速捕捉到如"植物基蛋白热潮""低糖低盐需求"等趋势，在研发上做出响应。例如AI帮助雀巢研发团队模拟和调整新配方，寻找最佳口感与营养的平衡。雀巢甚至开发了AI驱动的"数字孪生"（Digital Twin）技术来虚拟测试不同配方组合对味道和质地的影响，再将最优方案用于真实试验。结果是，大大缩短了产品开发周期（据报道可减少30%的研发时间）。与此同时，雀巢推出个性化营养推荐服务，用AI根据用户的健康数据提供定制的饮食建议。这既拓展了业务模式（提供附加的健康服务），又增强了消费者互动，提高品牌黏性。

雀巢案例说明，即使是像食品饮料这样传统的行业，AI也能带来全面赋能：从供应链优化、生产自动化，到产品创新、市场营销，无不有所裨益。而跨国巨头由于业务庞杂，更需要AI来进行精细化管理和洞察。例如雀巢在全球拥有数百家工厂、成千上万种SKU（产品单元），没有AI和大数据分析，要及时发现供应链瓶颈或消费偏好变化几乎不可能。现在雀巢通过AI实现了从反应式管理向预测式管理的转变，供应链从被动响应转为主动优化，产品开发从拍脑袋转为数据驱动，营销从粗放投放转为精准个性。这正是AI时代传统跨国公司的转型缩影。

战略启示：坚持优势、拥抱变革、引领规范。 欧洲企业的全球化历程和应对AI的举措，为企业管理者提供了如下思考：

- 坚守核心优势领域：欧洲企业能够在多次全球化浪潮中立于不败，靠的是长期积累的核心优势（品质、品牌、技术专长）。即使环境变化，这些优势仍是安身立命之本。因此企业在变革中不要轻易放弃自己的长板，而应考虑如何用新技术让长板更长。SAP没有转去做社交媒体，而是把AI融入其ERP；雀巢没有偏离食品主业，而是用AI提升食品研发和供应链。这说明新技术是强化优势的工具，而非让你抛弃优势去追逐完全陌生的新领域。

- 拥抱技术变革以自我革新：另一方面，不能因已有成功而故步自封。欧洲的一些企业曾因错失互联网机遇而落后，但现在通过积极导入AI卷土重来。同理，任何企业都应密切关注技术趋势，及时投入，哪怕会有阵痛和学习曲线，但早行动总比晚行动好。SAP大刀阔斧云化、AI化，雀巢数字转型，这些案例都体现了在时代变化前主动求变的重要性。如果等到市场格局已被划定再追赶，难度和代价要大得多。

- 注重规则与可持续，引领行业标准：欧洲在全球商业中一个特点是强调规范和可持续发展，例如质量标准、环境标准、数据隐私等。这不仅是社会责任，也是竞争策略。企业若能引领制定行业标准，往往可以掌握主动权。比如欧洲的GDPR虽然对企业提出合规挑战，但也成为全球许多国家数据法的蓝本，迫使竞争者都向这个标准看齐。企业亦可在各自领域倡导和实践高标准（如雀巢推进可持续供应链，SAP强调"负责任的AI"设计），将道德规范转化为长期竞争优势，在全球范围赢得信任和品牌声誉。

- 利用一体化和联盟：欧洲企业受益于欧盟统一市场，同时也擅长结成各种联盟（产业联盟、研发联盟）共同应对全球挑战。企业在国际化中，也应善于借助联盟的力量，例如加入行业协会在国际上发声，或与其他公司组成跨国研发联盟共同开发AI技术，以分摊成本和风险。这在AI时代尤为重要,因为AI人才和资源稀缺,合作共赢比单打独斗更容易成功。

综合而言,欧洲给我们的启示是双重的:一方面,它代表了传统全球化强者如何通过自我转型继续引领;另一方面,它展示了在新一轮科技和全球规则制定中奋力求变的形象。企业管理者可以从欧洲经验中学到,在全球化和技术变迁中,只有坚持核心价值、与时俱进,并在必要时带头制定新游戏规则,才能让企业在风云变幻的全球舞台长期屹立不倒。

小国经验:以小搏大的全球化之道

在全球化进程中,一些人口或体量较小的国家往往能取得超出规模的成功。例如新加坡、瑞士、爱尔兰、以色列、瑞典等"小国",在人口不到千万或几千万的情况下,创造了高度繁荣的经济,并在全球市场占据重要位置。统计显示,在全球化程度最高的经济体排名中,小国经常名列前茅——例如根据世界银行的数据,2010年全球经济开放度最高的10个经济体中有9个是人口不超过一千万的小国。这些国家由于国内市场有限,更早更深地融入了全球市场,从而实现了自身的发展。小国经验对于许多资源或市场规模有限的经济体,以及对于那些身处大国阴影下的企业,都具有借鉴意义。

小国在全球化中成功的路径,大致有以下几点:

- 充分开放与贸易立国:小国往往选择高度开放的贸易投资政策,将自身打造为区域或全球贸易枢纽。新加坡是典型例子。这个只有五六百万人口的城市国家地处马六甲海峡要冲,通过自由港政策、优良港口和机场设施,成为全球最繁忙的贸易、转口和金融中心之一。其贸易总额是GDP的三四倍,被称为"贸易立国"。爱尔兰通过极低的企业税率和英语环境,成功吸引大量跨国公司欧洲总部落户,成为人均FDI全球最高的国家之一。瑞士尽管内陆国,也凭借稳定的制度和金融隐私传统成为全球财富管理中心。高度开放与优惠的营商环境使这些小国能够"以市场换投资、换技术",把外部资源转化为本国发展动力。

- 专业化与高附加值：小国无法大而全，通常选择少而精的产业发展策略，在某些细分领域做到全球顶尖。瑞士的制药和精密制造、瑞典的通信设备和设计、韩国（严格说不算小国但人口也不多）的半导体和造船、以色列的安防技术和农业科技，都是各自领域的翘楚。通过在全球价值链上占据关键环节，小国能获得高附加值，避开与大国的全面竞争。例如荷兰的ASML公司垄断了先进光刻机的生产，在半导体价值链上举足轻重；丹麦的乐高公司在玩具这一利基市场称霸全球。这种"隐形冠军"策略非常适合小型经济体或企业：不求规模覆盖所有领域，但求在某一点上做到世界第一。

- 持续创新与教育：小国一般都高度重视教育和研发，以弥补自然资源匮乏的不足。以色列每年研发投入占GDP比重位居全球前列，其高等教育和军工研发孵化了一批高科技公司，被誉为"创业的国度"。芬兰、瑞典等国在人均发明专利、科技论文产出上长期高于许多大国。新加坡在PISA教育排名中名列前茅，并通过国立大学和科研机构培育人才，许多跨国公司将研发中心设在那里。这些都说明人力资本是小国最大的财富。不断创新才能在全球竞争中保持独特产品和服务，避免陷入因规模小而被淘汰的困境。

- 国家战略灵活务实：许多小国的政府政策灵活高效，善于抓住全球化带来的机会窗口。比如迪拜（阿联酋的一部分）在发现石油之前只是渔村，但其领导层敏锐地利用地理位置和后发优势，建立自由贸易区、大兴航空港和旅游业，把迪拜打造成中东的商贸和旅游中心，被称作"沙漠中的曼哈顿"。爱沙尼亚在苏联解体后果断拥抱数字化，推行电子政务和数字身份，成为"电子国家"，吸引了远超其规模的外部投资和人才。政策的前瞻性和执行力，往往是小国弯道超车的关键因素。

- 多边主义和巧实力：在国际舞台上，小国无法单凭硬实力取胜，于是多采用"巧实力"（smart power）策略，通过多边合作和软实力提升影响。北欧国家积极参与联合国、世贸组织等多边框架，推动自由贸易和国际法规，因为那是小国保护自身利益的最好方式。新加坡虽然国小力弱，却通过出色的外交和金融服务赢得各国信任，成为区域事务的调停者和跨国企业的避风港。善用规则和联盟，让小国在全球议程上获得 disproportionate 的话语权，这也帮助其企业走出去有更好的外部环境。

小国经验对企业的启示在于：即使资源和规模有限，也可以通过聚焦优势、开放合作和持续创新，参与并引领全球竞争。企业可以将自己视作"小经济体"，学习小国的做法——

- 找准细分市场成为"小巨人"；

- 积极开拓国际市场，不要因为自身规模小就局限于本地（数字时代很多初创企业生来就是"天生全球化（Born Global）"，通过互联网直接服务全球客户）；

- 充分利用外部资源，比如与大企业合作、加入行业联盟，借势发展；

- 培养员工的全球胜任力和创新能力，如同小国培养国民素质一样；

- 建立灵活高效的组织，快速响应市场变化，正如小国政府运作敏捷。

具体案例上，不少中小型企业已经证明了这一点：瑞典的Spotify最初只是个创业公司，却敢于挑战苹果和谷歌，最终做成全球最大的音乐流媒体平台；爱沙尼亚的小团队创立了Skype，实现了互联网电话的革命并被微软收购，创始人又继续打造了支付平台TransferWise等；还有大量"隐形冠军"中小企业在全球B2B市场上占有主导地位。这些都类似"小国大业"的逻辑。

总之，小国的全球化成功说明：规模不是决定成败的唯一因素。在AI时代，技术正进一步降低企业参与全球化的门槛——云服务、在线协作和全球化电商平台，让小企业也能触及全球客户。正如有论者所说，数字平台让微型企业变成"哥斯拉级"全球玩家成为可能。AI则赋予小团队以往只有大公司才拥有的分析洞察能力。这意味着，只要策略得当，小企业一样可以谱写属于自己的全球化传奇。

AI驱动的全球化新路径：历史经验的重塑与继承

在前文探讨了各地区的全球化经验和AI应用案例后，我们来总结升华一下：AI时代的全球化新路径到底体现在哪里？相比过去的全球化模式，它有哪些改写和继承之处？企业管理者应如何据此调整战略，以完成从区域走向全球的跃迁？

1. 全球化的内涵拓展：从货物流动到数据与智能流动。历史上全球化主要体现为货物、资本和人员的跨境流动，而在AI时代，数据和智能的跨境流动变得同样重要。前面提到，跨境数据流动对经济的贡献已超过传统贸易。这意味着，一个企业的全球化，不仅在于卖出多少产品、开拓多少海外市场，还在于能否参与全球数据网络，运用全球智力资源。例如，一个人工智能模型可以在一国开发，却通过云服务瞬间部署到全球各地为客户提供服务；一家制造企业可以远程获取全球需求数据、供应商数据，通过AI分析优化生产和配送。这种"智能全球化"是以数据为纽带，将全球市场实时连接。它改写了传统全球化对地理距离的依赖，让世界更加扁平。不过这并不意味着历史经验失效——恰恰相反，企业仍需继承过往全球经营的经验，如对不同市场消费者行为的理解、国际法规的遵从、本地团队的建立等，只是借助数据和AI，可以做得更精细高效。

2. 全球战略制订：从经验决策到数据驱动决策。过去，制定国际扩张策略往往依赖高管的经验判断和有限的市场调研。而AI让企业能够基于海量数据进行更科学的决策。历史上企业进入某个新市场可能需要试错和长期耕耘，现在可以通过AI预测分析大量模拟情景，找到最佳切入点。例如，AI可以分析各国消费者社媒讨论、搜索趋势，帮助企业发现产品在哪些国家有潜在需求尚未被满足；或通过机器学习模型考虑GDP、人口、竞争格局等变量，预测进入某市场的销售潜力和风险。这并非否定经验的重要性，而是对经验的有益补充和验证。管理者仍需有全球视野和直觉判断，但可以依赖AI提供的洞察来佐证或修正自己的想法，让战略更稳健。历史经验告诉我们，许多跨国扩张失败是由于信息不对称、误判当地需求。AI有望显著缓解这一问题，使企业带着更清晰的数据图景踏足陌生市场。

3. 供应链管理：从成本中心到智能神经网络。 全球化企业传统上将供应链视作必要成本，而AI让供应链变成可以创造竞争优势的智能网络。正如雀巢用AI把供应链变得极其高效可控，今天的跨国公司可以在全球部署传感器、收集物流和库存数据，实时优化整个链条。历史上，供应链断裂和库存积压曾让无数国际化尝试折戟，而AI可预测需求波动、提前发现风险，从而将历史教训转化为未来能力。当然，企业仍需要继承供应链多元布局、冗余备份等风险管理经验，但AI将帮助企业更加游刃有余地管理全球生产网络。例如，AI可以根据政治局势或天气模式预测某地供应中断概率，让企业提前调整备货和运输路线。这种敏捷性在过去是难以实现的。AI驱动供应链将是全球化新路径的重要组成，使企业能实现"全球布局、本地响应"，既有规模经济又有灵活性。

4. 市场营销和客户服务：从全球品牌到全球个性化。 以往跨国营销强调建立统一的全球品牌形象，而AI时代则要求在全球统一品牌下，实现对每个市场、每个客户的个性化触达。历史经验表明，品牌的本地化（glocalization）至关重要——可口可乐在不同国家口味调整、麦当劳推出本土化菜单等。然而以前这种本地化主要按国家或区域划分。现在，借助AI分析，每个消费者都是独一无二的市场。跨国企业可以用AI分析消费者数据，对不同文化背景、语言的个人推送定制内容和推荐。Jumia通过AI客服用当地语言交流、Mercado Libre用AI翻译商品信息、Nestlé利用AI推荐个人营养方案，这些都预示着全球营销正在迈向"千人千面"。。企业需继承品牌全球一致性的理念，但运作上要灵活，用AI实现大规模的本土化和个性化服务。这将极大提升全球消费者对品牌的亲近感和忠诚度。

5. 组织和人才：从总部主导到全球协同、自适应学习。 传统跨国公司多是总部制定战略，下属各国分公司执行。而AI和数字协作工具使组织结构变得更网络化。全球团队可以跨越时区无缝协作，AI助手可以为不同语言的团队提供即时翻译和信息汇总。这意味着历史上跨国企业中信息传递慢、各国团队孤岛的问题有望改善，全球协同创新成为可能。Infosys等已经在用AI增强跨国团队的生产力。管理者应继承过去建立多元文化团队、尊重当地管理经验的做法，同时利用AI使团队协作更紧密、高效。例如，AI可以记录和分享各国市场的最佳实践，供全公司学习；也可以根据团队沟通内容，提醒文化差异和误解风险，帮助管理者更好地跨文化领导。学习型组织的理念在AI辅助下将更易落地，每个区域的经验迅速内化为全球智慧。

6. 商业模式创新：从资产驱动到算法驱动。 AI时代催生了很多全新商业模式，例如平台经济、共享经济、按需服务等等。这些模式本质上都是全球化的，因为互联网平台天然跨国界。历史上的跨国经营以硬资产投入为基础（建厂、设店），现在许多全球化业务可以轻资产运营。Uber、Airbnb全球扩张几乎不需要自建资产，而是靠算法和网络效应。这是对传统全球化路径的颠覆。企业应该继承的是对商业本质的洞察——无论模式如何变，满足客户需求、打造生态系统的原则不变。但需要改写的是运营方式：更多考虑如何用技术连接资源而非拥有资源。例如制造企业也可转型做平台，将设计、生产、物流各环节通过AI平台连接起来，自己成为orchestrator（协调者）而非全部亲力亲为。这与历史上outsourcing（外包）和strategic alliance（战略联盟）的思想一脉相承，但由AI赋能后达到新高度。算法驱动的全球商业将越来越普遍，企业要敢于突破过往成功模式，在AI引领下探索新路径。

7. 风险与治理：从被动应对到智能合规和伦理领先。 全球化带来合规、伦理等挑战，如数据隐私、AI偏见、网络安全、地缘政治风险等。历史教训告诉我们，忽视东道国法律和文化往往导致失败（如某些公司因不尊重隐私在欧洲受罚）。AI可以帮助企业构建合规管理系统，自动审查业务流程是否符合各国法律，并在内容或决策中识别可能的伦理问题。欧洲在AI伦理规范上走在前列，跨国企业应跟进这些标准，在全球范围自律，甚至参与制定行业规则。这既是社会责任也是竞争优势，因为能够主动合规的企业才能长久经营。AI使合规成本降低（通过自动化实现）且效果提升，同时也使企业更透明地运营。管理者应继承的是对法治和伦理的重视，改进的是手段：利用AI实时监测，建立"内嵌合规"的全球业务流程，将风险防范前置。这在数字信任成为竞争要素的时代尤为重要。

综上，AI驱动的全球化新路径，并非全盘否定过往经验，而是对其扬长避短的重构。AI提供了强大的工具，使我们能够实现许多过去想做但做不到的事情：更精准的战略、更敏捷的运营、更贴心的服务、更高效的组织。但AI不是万能药，它仍需要与人类智慧相结合，尤其在战略制定、文化理解、关系构建等方面，人类经验和判断力不可或缺。因此，AI时代的全球战略应是"技术+经验"双轮驱动：以AI为杠杆，撬动历史经验这座宝库，为我所用，开创新的业绩。

企业管理者在制定全球化战略时，可以参考如下步骤：

1. 历史反思：首先反思自身行业和企业过往的国际化经验，成功和失败的原因是什么？竞争对手的经验如何？将这些经验教训列出。

2. 技术审视：然后审视当前AI等数字技术有哪些新能力，能解决过去哪些未解难题？例如，过去不了解海外消费者，现在有社交媒体数据和AI分析了；过去供需难以精准匹配，现在有预测模型了；过去沟通障碍大，现在有翻译AI等等。

3. 战略重构：基于上述，重构企业的全球战略。例如调整市场进入次序，用AI发现的新兴市场机会取代旧有判断；调整供应链布局，引入智能调度减少集中风险等。

4. 组织赋能：为团队配备AI工具和数据支持，培训员工数据素养，同时重塑组织流程，使之适应更快的决策节奏和跨国协同模式。

5. 试点与推广：选择一些全球业务环节进行AI赋能试点，如营销部门试用AI做海外市场分析，供应链部门试点智能优化，逐步积累效果，再全面推广。

6. 动态优化：建立持续学习机制，AI会不断进化，竞争环境也在变，应定期复盘战略效果，利用新的数据反馈调整模型和决策。这实现了战略管理的闭环。

可以预见，AI将成为公司全球化的标配工具，正如电脑和互联网已经是不可或缺的基础一样。在不远的将来，没有AI参与分析和运营的全球战略将如同盲行。但拥有AI而不尊重历史经验的战略也可能南辕北辙。唯有将两者结合，企业才能在全球化新赛道上跑得又快又稳。

本章贯通历史与现实、理论与实战，旨在为企业管理者提供一幅清晰的地图：过去各国各企业走过哪些全球化路径、学到了什么经验教训；今天AI等技术如何打开新的道路、赋予我们重新审视和调整的机会。希望读者从中获得启示，结合自身企业的实际，制定出适合AI时代的全球跃迁计划。全球化从来不是容易之举，但正如所有案例所示，机会永远垂青有准备和敢为的人。让我们借鉴历史之镜，手持AI之光，去开拓下一个属于我们的全球化传奇！

9

第九章 面向未来20年的展望

"我们总是高估未来两年的变化，却低估未来十年的变化。"

— 比尔·盖茨（BILL GATES）

经过前面章节的探索，我们勾勒了AI时代企业变革的路径与图景。现在，让我们将视野投向未来二十年，去大胆想象全球商业版图将在AI驱动下发生的巨变。历史不会简单重演，但总有相似的节奏在回响。未来20年里，会出现哪些令人瞠目的商业新景象？企业又该如何顺应这些趋势，塑造全新的全球格局？带着这些问题，我们开始一场时间旅行，从现在迈向2045年的商业世界。这个世界的引擎，正是无处不在的人工智能。

大模型革命与企业智能中枢

人工智能的大模型技术正在崛起为未来企业的大脑与智慧中枢。过去，创造十亿美元价值往往需要上千名员工和数十年积累；而在不远的将来，一家微型创业公司借助AI也许就能实现这一目标。OpenAI首席执行官萨姆·阿尔特曼曾预言：很快我们或许会见到仅由一名创业者或一个十人小团队，却凭借AI创造出十亿美元市值的公司。这听起来近乎天方夜谭，但AI正在以指数级速度提升个人和小团队的生产力。一台训练有素的大模型可以是企业的超级智囊：它懂得全世界的知识，能秒答千百万个问题，全天候不知疲倦地工作。在这种能力的加持下，个人英雄主义有了全新的诠释——一个人加上一台强大的AI，可能顶得上过去一个大型部门的产出。

这种"大模型+人类"的组合正在重塑企业组织结构。以往金字塔式的科层架构，正在被更扁平、更灵活的人机协作网络取代。大模型可以担当企业的"智慧总管"：分析海量数据、优化策略方案、甚至指导日常运营决策。一些公司已经开始让AI参与高管会议，提供实时的数据洞察和方案建议。未来，这样的AI智囊将无处不在：营销团队用大模型洞察全球市场趋势，研发部门让AI自动生成设计方案，客服部门由AI实时解答来自各地客户的咨询。在AI赋能下，每一名员工都如同拥有了一个私人顾问和超级助手，能够处理过去无法胜任的复杂任务。企业不再以"雇员数量"论英雄，因为每位员工在AI支持下创造的价值将远超以往。正如有专家大胆预测的那样：再过三五年，全球80%的企业业务可能运行在大模型之上。这意味着绝大多数公司都会将AI深度融入自身运作，让大模型成为新的生产资料和竞争利器。

案例类比：就像工业革命时期蒸汽机成为工厂的动力源一样，大模型正在成为现代公司的"智力动力源"。有了AI这台"蒸汽机"，一个小小的初创公司也能爆发惊人的能量。想象一家只有十个人的游戏开发工作室：美术设计由生成式AI辅助完成，剧本对白由语言模型撰写，算法CEO根据市场数据调整发行策略（我们稍后会详细描绘这种场景）。最终，这家小团队创造出的游戏风靡全球，收入过亿，展现出"大模型时代"下小团队撬动大市场的非凡力量。这不仅是技术的胜利，更是思维的革命——企业开始相信，借助AI的力量，小即是大，弱亦能强。

AIoT与万物智联的产业生态

当人工智能(AI)与物联网(IoT)融合，便诞生了AIoT——一个让万物皆可互联互智的世界。如果说大模型是企业的大脑，那么遍布全球的传感器和智能设备则是企业的神经网络。当工厂的机器、物流的车辆、仓库的货架、甚至办公室的灯光和温控都嵌入了AI，这张庞大的AIoT网络就如同赋予企业实体世界的"触觉"和"行动力"。未来二十年，几乎每一家领先企业都会打造自己的AIoT生态系统，让生产和供应链实现前所未有的智能化和高效协同。

想象一下这样的场景：一家制造企业的生产线遍布五大洲，AIoT使得它们如同一体。巴西的矿场传感器实时将铁矿石产量数据上传云端，印度的工厂AI立即据此调整钢材产量，而中国的物流AI算法随即优化海运路线，将产品更快送达非洲的组装中心。所有这些协调工作都发生在毫秒之间，无需人工拍板——是AI在背后调度着全球资源。这正是AIoT重塑全球供应链的体现：数据流动替代了冗长的会议，智能算法取代了繁琐的人工作业，供应链变得像精密机械般高速而准确。

AIoT带来的不仅是效率，还有全新的产业生态。传感器收集的一线数据，让企业对市场需求和生产状况有了实时感知，因而可以更加敏捷地响应变化。比如零售业的货架安装了智能摄像头和重量感应器，AI即时分析哪款商品热销、哪些库存短缺，于是自动触发补货订单，甚至根据数据预测季节性需求调整生产计划。整个产业链仿佛生出了一双慧眼和大脑：看得清市场风云变幻，想得出调度乾坤之策。

此外，AIoT还催生出新的商业模式。设备与设备之间可以自主协商，"机器经济"开始萌芽。例如，未来的电动汽车可能自主与充电桩"谈判"电价；家庭的智能电器在电网负荷低谷时自己开启运转，以获取折扣能源。一切设备都成为交易主体，这让企业运营进入高度自治的时代。有人将这种趋势称为"无人企业"的前奏——即使没有人为每一步决策把关，智能设备与系统也能按照既定目标高效协作。当然，人类依然制定着大战略，但具体执行层面将高度自动化。企业管理者更像是在驾驭一支由AI驱动的"无人机群"，洞察全局、设置参数，剩下的执行让AIoT系统自行完成。

案例类比：AIoT带来的变革可以类比为城市交通的演进。从最初的人力指挥交通，到后来出现红绿灯这样的自动控制系统，再到未来的车联网和自动驾驶汽车自我协调行驶——效率和安全性成倍提升。同样，在产业生态中，AIoT让机器与机器对话，让数据成为最勤勉的生产要素，使企业运转从"有人指挥"进化到"万物自组织"。未来二十年，那些率先拥抱AIoT的企业将如同高速公路上的赛车，甩开仍在拥堵城市街道中的传统对手，在全球市场的竞技场上抢得先机。

智能合约与DAO：自治化的商业运营

在未来的商业世界里，信任和协作的纽带正在被重新定义。区块链技术孕育的智能合约，使得商业协议能够以代码形式自动执行，不需要人工监督就能保障各方权益。当AI能够读懂并运作这些合约，一种全新的自治运营模式呼之欲出。而更进一步，由智能合约网络聚合而成的分布式自治组织（DAO），甚至可能成为未来企业的一种新物种。

智能合约可以看作是一种特殊的AI员工，它严格、公正、毫不疲倦地执行约定好的规则。例如，一家跨国公司与几十家供应商签订了区块链智能合约，只要供应商按期交货且质量达标，合约就会自动触发付款流程；如果出现延误或瑕疵，合约会依据预先约定即时罚款或补偿。整个过程无需人工介入，资金流和物流被算法牢牢同步。这不仅提高了效率，也极大减少了人为舞弊或沟通误差的可能。对企业而言，智能合约就像是"不会偷懒也不会徇私"的合同执行官，在全球供应链上守护着每一笔交易的诚信与准时。

由智能合约进一步延伸，我们看到了DAO的雏形。DAO（分布式自治组织）是一群人（也可能是AI代理）通过区块链规则聚合起来、共同决策的组织，没有传统意义上的中心化管理层。想象一家未来的投资基金DAO：全球成千上万的投资者通过持有代币参与决策，资金如何投向由所有代币持有人线上投票决定，投资协议通过智能合约执行，利润也按代码写好的规则自动分配给大家。这家基金没有董事会、没有CEO，一切运行透明且基于多数人的共识。听起来很超前，但这样的DAO原型已经在加密世界出现，并在不断试验治理的新边界。

DAO概念对传统企业组织带来了颠覆性的想象空间。未来的大型项目，或许由跨国的DAO联盟来推动：来自不同国家的团队和个人，各自承担模块化的任务，通过智能合约衔接合作，最终完成一项宏大的工程，却无需设立一家"公司"来统领。企业本身也可能部分地DAO化——员工（或利益相关者）通过代币持有企业决策权，重要事项由全员投票决定，管理层更像执行秘书而非独裁者。这样的企业将更具弹性和凝聚力，因为每个人都以"合伙人"身份参与，通过区块链分享收益和责任。

当然，DAO模式目前仍在探索，如何平衡效率与民主、如何防范安全漏洞等都是挑战。然而可以预见的是，在未来二十年里，"自治化运营"将成为商业进化的重要方向。从智能合约自动跑业务流程，到DAO尝试群策群力的管理，新技术让"无人管理"但又"人人有治"的理想组织形态逐步可行。那将是企业形态的一次飞跃：从科层制金字塔，跃迁为由代码和共识驱动的扁平网络。

案例类比：如果说传统企业是一台需要司机驾驶的汽车，那么智能合约和DAO让企业更像一辆自动驾驶的特斯拉。过去需要层层审批的事项，现在写进代码就能自动执行；过去股东们被动等待红利，如今直接在链上表决企业重大决策。这种变革无疑充满激情和风险，但历史一再证明，技术带来的新范式往往孕育新的伟大公司。抓住智能合约和DAO机遇的企业，将有望颠覆旧秩序，成为下一个时代的规则制定者。

虚拟员工与劳动力变革

当AI从后台走向前台，开始以"虚拟员工"的身份直接参与企业运作，人力资源的概念也被重新定义。20年前，公司或许会将简单重复的任务外包给低成本劳动力；如今，越来越多的数字员工、AI助手顶替了这些岗位。所谓虚拟员工，可以是一个外形酷似真人、24小时在线的AI数字人形象，为客户提供咨询服务；也可以是隐藏在系统中的一个智能算法，在团队中承担数据分析、文案撰写等工作。未来二十年，人与AI将肩并肩工作，构成全新的"混合劳动力"。

首先，我们将看到大量日常岗位由AI胜任。以客服为例，AI客服早已能够通过语音和文字与顾客交流，解答常见问题、处理订单和售后。据统计，许多企业已经部署了AI客服，每天服务成千上万客户却不知疲倦。在未来，AI客服将更进一步，情感识别和多语言能力会让它们如同真人般亲切。当你拨打客服热线，迎接你的可能是一位声音温和、永远有耐心的"AI坐席"；你走进银行网点，大堂经理可能是一位微笑的数字人，她眨着眼睛为你解说业务——你甚至不会意识到眼前并非血肉之躯。这样的虚拟员工不需要休假，不会情绪失控，也不存在地域限制，一人即可服务全球客户。

其次，AI将成为每一位人类员工的默契搭档。不是所有工作都能或应该完全交给AI，人类的创造力、同理心、战略思维依然无可替代。然而，人类员工手边将配备愈发智能的工具：市场分析人员有AI助手实时提供最新数据洞见，医生有AI帮忙读片诊断，工程师有AI自动生成代码雏形……这些AI助手就像经验丰富的"同事"，随时待命提供专业支持。有人将这种协作形容为"AI-劳动力联盟"——AI和人类各展所长，共同完成单方无法胜任的任务。举例来说，一个广告创意团队里，人类负责提出有情感温度的创意方向，AI助手则根据方向快速产出多版初稿和视觉样板，供人类再筛选润色。最终成品融合了人类的灵感和AI的高效执行，效果远胜以往。

这种人机协作的新范式，将深刻改变员工结构和培养方向。未来企业可能有两套"员工名册"：一份是人类员工名单，另一份是虚拟员工清单，包括各类AI模型和数字人角色。企业需要同时管理和培训这两种员工——前者提升数字技能以善用AI，后者则需要人类不断"调教"优化使其更符合业务需要。传统的人力资源部（HR）也许会进化为"人机资源部"，既要招募培养人类人才，也要引入部署最适合的AI劳动力。例如，当一家创业公司需要拓展客服团队时，HR既会考虑招聘多少真人客服，也会权衡部署几个AI数字员工，并针对AI客服"训练"专业领域知识和沟通风格。

值得注意的是，随着虚拟员工的大量涌现，员工总数不再是衡量企业实力的直观指标。一家企业或许只有几十名人类员工，却拥有上百个AI驱动的业务代理，它们共同构成了这家公司的劳动力总和。有预测称在未来五年内，全球"机器人和数字人"的数量可能会首次超过人类人口。届时，我们的工作环境将被永不下班的AI同事所环绕。这并非危言耸听，而是对效率和分工极致优化后的新常态。对于个人而言，这要求我们不断提升技能，与AI协作而非竞争；对于企业而言，则意味着要重新思考激励机制和文化构建，让人类员工在AI时代依然保持动力和价值感——毕竟，最理想的状态是人机协同，而不是此消彼长的对立。

案例类比：想象一个未来办公室的早晨：产品经理走进会议室，坐在他旁边的是一位全息投影的AI营销顾问，另一侧是财务AI化身的虚拟分析师。会议开始，人类经理阐述创意，AI营销顾问即时补充市场数据和用户反馈，虚拟分析师则不时提醒预算限制。整个会议仿佛是一场多元智慧的交流，人类和AI各有所长，共同决策最佳方案。这样的场景正如科幻电影般令人神往，却极可能成为日常工作的真实一幕——我们每个人都将拥有一些"非人"同事，而我们的团队将因这些AI伙伴的加入变得前所未有的强大。

算法治理与"无人企业"的雏形

如果将目光投向企业治理与决策层面，AI的影响同样引人入胜。算法治理指的是利用人工智能和算法模型参与甚至主导企业的管理决策过程。试想一下：每天清晨，CEO办公桌上放着一份AI生成的"决策简报"，综合了昨晚全球市场动态、本公司实时运营数据和社交媒体舆情分析，并给出了几条战略建议；高管团队据此召开短会，迅速拍板，而很多日常运营中的细节决策根本无需开会——企业的"数字中枢神经"已经根据预定规则自动调整优化。当这一切成为常态时，我们离传说中的"无人企业"也就不远了。

"无人企业"并非字面意义上一点人都没有，而是指企业的大部分运转可以在极少人力干预下自动进行。管理学中曾有一个著名目标——让企业实现"睡后收入"，即使管理者不在现场，业务也能自行运转并持续创造价值。在AI时代，这个目标前所未有地接近现实。以零售业巨头为例，他们已经开始应用算法驱动的决策：利用AI根据销售数据自动决策库存调拨，利用机器学习动态定价来优化利润率。在一些领域，AI的决策效率和准确性甚至超越了人类经理人。例如，美国某些大型电商平台每天都有上百万次定价调整，完全由算法根据供需和竞争情况完成，人类不可能手动处理如此海量的决策。而未来这种"算法CEO"的职能将进一步扩张，从战术性决定走向战略规划。

事实上，早在2014年就有一家总部在香港的创投公司，尝试过让AI算法进入董事会：他们正式任命一个算法为董事会成员，赋予其对投资决策的投票权。当时很多人觉得这是噱头，认为机器无法取代人类的战略判断。但十年后的今天，我们已经见证了AI在围棋、医学、工程等诸多高复杂领域超过人类专家水平。对于商业决策，AI的作用也不容小觑：它没有情绪干扰，不会偏袒成见，能冷静评估每一个方案的风险收益。可以想见，未来的董事会会议上，AI将成为举足轻重的"智囊团"一员，为人类高管提供客观理性的分析视角，甚至对某些提案直接给出审批或否决建议。

当然，完全由AI主导一家企业的时代或许还很遥远，人类的经验和价值观在决策中依然不可或缺。"算法CEO"更现实的定位是"辅助驾驶"而非"自动驾驶"：AI协助驾驶企业航船，人类掌舵人则监控航向、把控最终选择。这要求企业培养能够理解AI决策逻辑的管理者，以及设置明确的伦理和风险边界，防止算法出现偏差时造成严重后果。毕竟，AI再聪明，本质上仍是工具，关键在于使用它的人。但可以确定的是，拥抱算法治理的公司将比传统管理模式更敏捷、更理性。那些繁琐冗长的汇报审批，将让位于实时的数据看板与自动警报；那些拍脑袋的经验决策，将被数据驱动的模拟测试所验证。决策层将从经验导向进化到"算法+经验"双轮驱动，企业治理因此变得更加科学高效。

案例类比：可以把"算法治理"想象成企业管理中的"自动挡"模式。传统管理是手动挡，领导者需要频繁换挡（决策）以适应路况（市场变化）；而引入AI算法后，很多换挡工作由系统自动完成，领导者则腾出精力关注方向盘（战略）。曾经让管理层头疼的诸多细节——预算控制、人员排班、流程优化——现在AI都能给出优化方案或直接处理。企业运转开始呈现一种奇景：灯火通明的办公楼里，深夜加班的不再只是人，还有默默运行的算法模型；决策流程中，有时人类反而成为"旁听者"，倾听AI给出的方案。这并非要削弱人的作用，而是要解放人的创造力——当AI承担了繁杂计算，人类才能专注于擅长的创新和领导。可以说，算法治理让企业离"无人驾驶"的梦想更近了一步，也让管理者朝"智慧驾驭"迈出一大步。

全球视野：区域崛起与虚拟世界的新边疆

人工智能的浪潮，不仅改变着单个企业的命运，也在重绘全球经济版图。在未来20年，新的区域力量将崛起，而虚拟世界也会成为竞相角逐的商业新边疆。AI赋能之下，世界各地的机遇将更加均衡，多元化的创新中心不断涌现，全球力量对比因此发生微妙而深刻的变化。

～

◆ 东南亚：数字原住民引领创新

在东南亚，我们可以感受到一股蓬勃的数字化生机。这里拥有全球最年轻且最具数字热情的人口，数以亿计的年轻人天生就是互联网的原住民，对AI新技术的接受度极高。每年都有数百万人首次接入互联网，转瞬又成为在线创业者、内容创作者，为经济注入新活力。这种数字文化的土壤极其肥沃，让东南亚成为AI发展的理想温床。据谷歌和淡马锡等发布的报告显示，东南亚的数字经济正以惊人速度增长，预计2030年规模将从目前的3000亿美元跃升近1万亿美元。在这股浪潮中，人工智能正扮演关键引擎的角色。

首先，各国政府的积极态度和政策支持，为AI在东南亚落地开花提供了养分。新加坡、马来西亚、越南等国纷纷制定国家AI战略，投入巨资建设AI研发中心和数据中心，开放监管沙盒鼓励创新。这就像为创业者铺就高速公路，让他们驾着AI的快车飞奔。其次，本土创业生态异常活跃。从雅加达到河内，涌现出一批批AI创业公司，解决各自国家独特的问题：有人用AI帮助小农户优化作物种植，有人用机器学习改进供应链金融，还有人开发本地语言的AI助手扫除语言障碍。这些点滴创新汇成洪流，驱动东南亚在AI时代实现"后发先至"。可以预见，未来会有更多技术独角兽从曼谷、吉隆坡等城市崛起，走向世界舞台。

东南亚的崛起还表现在其文化和市场的辐射力增强。这里拥有全球最活跃的社交媒体用户和在线视频消费者，本地生成的内容和应用正在影响全球潮流。特别是在游戏和移动应用领域，东南亚的开发者展现出惊人的创造力，贡献了全球移动游戏下载量的显著份额。AI将进一步放大这种创造力，让一个团队很小、经验尚浅的东南亚开发者，也能借助大模型和云平台迅速打造出媲美国际大厂的产品。当技术门槛被AI降低，创意和勤奋就成为决定胜负的关键。而这两样，东南亚的年轻创业者从不缺少。

$$\sim$$

◆ 非洲：跨越式发展孕育新机遇

如果说东南亚是在积蓄力量，那么非洲则是在寻求跨越式腾飞。长期以来，非洲被视作全球化的追随者，但AI时代可能给予这片大陆一次历史性的跳跃机会。非洲有着全世界最年轻的人口结构和蓬勃的创业激情，同时也面临基础设施薄弱、资源匮乏的挑战。然而，正因传统发展路径困难重重，非洲反而更有动力走"弯道超车"之路——利用新技术跳过旧阶段，实现 leapfrog（跳蛙式）发展。

回顾过去几十年，非洲已经多次展示出科技跨越的潜力。例如，在通信领域，很多非洲国家几乎没有铺设固话网络，却直接进入了移动通信时代；肯尼亚的M-Pesa移动支付更是一度领先全球，让亿万人在没有银行账户的情况下完成日常金融交易。这些成功经验证明：非洲完全可以通过技术创新跳过某些传统发展阶段，直抵现代化前沿。如今，人工智能浪潮正在非洲形成新一轮"跳跃"契机。从开普敦到内罗毕，AI初创公司如雨后春笋般冒出，应用范围涵盖农业、教育、金融、医疗等各个领域。有的团队开发AI模型帮助农民诊断作物病虫害，有的用本地语言训练聊天机器人为偏远社区提供教育和健康咨询，还有创业者用GPT-4等先进模型为小企业主提供财务分析和建议。这些创新直击非洲发展痛点，也孕育着巨大的商业价值。

国际研究指出，非洲如果充分拥抱生成式AI，每年可新增数千亿美元产值。更令人振奋的是，AI还在帮助非洲打造自己的人才网络和技术自主。各国政府和企业正投资培养本地AI工程师，并鼓励侨民和全球科技人才回流非洲创业。像尼日利亚、埃及、南非这样的国家，已经出现了一批在全球都有影响力的AI专家和企业家。他们既懂得本土需求，又连接着国际资源，这种"双向融通"将赋能非洲科技产业以更强竞争力。

可以想见，未来的非洲将不再只是原材料和初级产品的提供者，而会以创新方案输出者的形象走向世界。例如，某非洲国家率先成功实践了AI在基础教育普及上的应用经验，那么其他发展中国家完全可能引进这一模式，令非洲从经验输出中获得声誉与商机。再比如，非洲在无人机物流、离网能源管理等特定领域找到高效模式，也能反向影响发达国家的相关产业。这种"逆向创新"使得非洲有机会在某些新兴赛道上定义游戏规则。可以说，AI为非洲打开了一扇窗，让这片古老大陆有机会以全新姿态屹立于21世纪的经济版图中。

~

◆ 南美：AI唤醒中的新兴力量

南美洲同样蕴藏着AI驱动的巨大潜能。在广袤的拉丁美洲大陆，多元的文化和丰富的资源孕育出不少新兴市场国家，如巴西、墨西哥、智利、哥伦比亚等。南美各国的发展水平虽有差异，但整体而言都在努力追赶数字经济的浪潮。AI的到来，给南美带来了提升生产力和缩小差距的机遇。随着互联网覆盖和数字教育的推进，南美的年轻一代正快速掌握技术技能，不少国家的程序员、数据科学家数量大增，技术人才外流也在逐渐逆转。

巴西作为地区龙头，已经在人工智能专利和研究方面展现出进步势头——自2015年以来，巴西的AI相关专利申请显著上升，显示出本土对前沿技术日益浓厚的兴趣。智利则凭借稳定的政策环境和高水平教育，成为区域内AI准备度最高的国家之一，在基础设施和人才培养上投入可观，被誉为拉美的"AI绿洲"。这种区域内的标杆效应，将带动周边国家一同迈进AI应用时代。拉美地区还有庞大的西班牙语和葡萄牙语市场，对本土化AI产品有着天然需求。一些初创公司正瞄准这一点，开发能讲流畅西班牙语、懂当地文化的对话AI，以及适用于拉美金融市场的智能投顾等等。区域特色+AI，让南美有机会产出与欧美巨头差异化竞争的产品。

值得关注的是，南美在AI治理和伦理方面也力求走出自己的道路。有人说，拉美可能奉行比美国更注重公平、人权，比中国更强调个人数据保护的AI发展观。这种"人文风格"的AI路线，或许能成为拉美科技企业的软实力。例如，一个拉美团队开发的AI医疗应用，特别注重保护患者隐私且兼顾穷人负担，那么它进军全球市场时会赢得额外的道德认可度。未来，南美各国如果能够团结协作，建立区域性的AI标准与市场，将在全球数字经济中占据一席重要位置。

当然，目前南美的AI投入和产出与世界领先地区相比还有差距。如何提高互联网普及率、减少数字鸿沟，如何为大批传统产业工人提供技能再培训，都是必须克服的挑战。但总体而言，AI这股东风已经在唤醒南美沉睡的巨人。据国际机构预测，到2030年AI对拉美GDP的贡献有望达到5%以上，相当于每年新增数千亿美元。可以说，AI正成为拉美摆脱"中等收入陷阱"的一把钥匙。20年后的南美，可能不再只是足球和咖啡闻名，还是涌现智造奇迹和科技明星的热土。

◆ 虚拟世界：无疆界的商业版图

除了地理上的区域崛起，未来还有一个"区域"不容忽视——那就是虚拟世界。元宇宙、虚拟现实(VR)、增强现实(AR)等技术的发展，将使人类的数字空间逐渐演变为真实商业活动的主舞台之一。在AI的赋能下，虚拟世界经济将如雨后春笋般繁荣兴盛，成为各国企业角逐的新边疆。

未来的虚拟世界，不再只是游戏玩家的乐园或社交媒体的延伸，而会出现成熟的商业形态：虚拟购物中心、沉浸式办公园区、数字艺术市场，甚至完整运行在区块链上的虚拟公司。元宇宙商贸平台或将崛起，让跨国生意像线下面对面交易一样便利。例如，一位身处亚洲的小企业主，可以通过全息投影与南美的客户"见面"洽谈，如同坐在同一会议室；交谈中，AI自动将中文和西班牙语实时互译，毫无沟通障碍。双方达成交易后，立即在区块链上签署智能合约锁定订单条款，几小时内，对方工厂便收到AI生成的定制设计图开始生产。整个过程跨越万里却流畅高效，仿佛置身一个无边界的数字市场。

虚拟员工和虚拟消费者将在元宇宙中扮演重要角色。可能出现完全由AI角色构成的公司,在虚拟世界里运营——开发者给它们赋予经营目标和权限后,这些AI角色自动与客户沟通、完成服务交付、进行财务结算。一家公司也许会有一半业务发生在虚拟环境:员工以数字分身参加会议、培训,产品通过虚拟仿真展示和测试,营销活动在元宇宙中举办全球发布会。地理位置将变得几乎无关紧要,"虚拟世界"本身就是一个超越国界的经济空间。在这里,最具竞争力的不再是土地和自然资源,而是创意、流量和算法。一间隐匿在偏远山村的创意工作室,只要抓住了元宇宙的流量密码,也能与纽约的豪华写字楼公司同场竞技。

虚拟世界的崛起还将带来数字主权的新议题。或许未来会出现"虚拟国家"——由全球网友组成的在线社群,制定自己的规则和经济体系,以DAO形式治理,在元宇宙中繁荣运转。企业将不得不考虑如何在这些数字社群中建立品牌和信任,以及如何管理虚拟资产与现实资产的互动。可以预见,各国政府也会参与塑造元宇宙的规则,争夺数字空间的话语权。

总而言之,虚拟世界为企业提供了拓展业务的第四维空间。在AI的帮助下,这个空间的界限不断被打破:虚实融合的商业模式层出不穷,催生新的消费需求和经济增长点。谁能率先占领这块无形的"土地",谁就拥有了未来全球版图中至关重要的一极。我们正站在开端,去见证现实世界和虚拟世界的融合如何谱写21世纪中叶的商业传奇。

未来场景:AI驱动的商业新图景

为了更直观地感受未来,让我们走进时光机,透过几个生动的场景,一窥2045年前后AI时代的商业世界。这些场景也许略带科幻色彩,却并非空中楼阁,而是基于眼下正在萌芽的趋势做出的大胆想象。

◆ 场景一:无人企业,算法担纲CEO

2045年清晨,旭日东升。一座城市中矗立着一栋外形时尚的智能大楼——这是一家全球知名的无人企业总部。公司大厅没有前台接待员,取而代之的是一个全息AI形象微笑着向访客问好，并即时为其引导日程。整家公司仅有寥寥数十名人类员工，却服务着遍布全球的数亿用户，其业务版图横跨制造、物流、销售等多个领域。

公司的CEO办公室里，并没有我们传统印象中忙碌的身影。事实上，这家公司的CEO是一个强大的AI决策系统！人们亲切地称它为"阿尔法总裁"。每天，它从全球市场和公司内部系统汇集海量数据，飞快地分析后给出经营指令。例如，它监控到前一天欧洲市场的产品销售飙升，于是立即调整工厂生产线，在亚洲工厂提高热门产品产量，并通过智能合约加急订购一批原料。同时，"阿尔法总裁"注意到一家初创竞争对手发布了新功能，立刻召集——以数据的形式——相关部门AI讨论改进方案，并在几小时内拿出应对策略。整个过程中，没有传统意义上的人类高管拍板：AI算法以近乎实时的速度在管理着这家公司。

公司并非没有人类角色。数十名核心员工扮演着监督者和战略家的身份：他们设定"阿尔法总裁"的目标和边界，定义公司使命与价值观，以及处理AI无法解决的突发问题。在这家无人企业中，人类更像是航船的舵手，而AI是精密自动驾驶系统。令人惊叹的是，公司运营有条不紊，效率之高前所未见——库存周转天数比老牌企业缩短了90%，产品定价根据市场弹性动态调整，每一分钱预算都被算法用在刀刃上。全年365天，几乎找不到懈怠的时刻，因为AI不知疲倦、全天运作。

在年度股东大会上，"阿尔法总裁"以全息影像形式向股东报告业绩。它毫无感情却清晰地陈述着数据和趋势，并根据分析结果提出下一年度的战略重点。股东们最初或许还有些不习惯没有真人CEO的场面，但连年远超行业平均的增长业绩，让他们彻底信服了这套AI领导体制。一位年长的股东感慨："我见证过工业时代、电气时代，现在又见证了AI时代的企业奇迹。这家公司证明了算法也能成为卓越的掌舵者。"

这个场景展示的无人企业，极致演绎了AI对管理和运营的接管。当然，在现实中完全让AI当CEO仍有许多法律和伦理障碍，但部分领域的"算法CEO"已初露端倪：很多公司用算法管控库存和定价，用AI优化人力安排和资源配置，决策越来越数据化科学化。或许再过二十年，我们不会惊讶于一家企业主要由AI决策、由少数人类监护运转——就像今天无人驾驶汽车已经开始在道路上行驶一样，无人企业也将驶入商业的主干道。

～

◆ 场景二：人机联盟，劳动力新范式

来到未来某年的一个工作日，我们走进一家"未来智造"公司的创新车间。这家公司采用了全新的人机联盟用工模式：每一位人类员工都配有一个专属AI助手，共同组成高效的二人组。车间里没有传统意义上劳作满汗水的工人，取而代之的是人机搭档们各司其职、密切协同的繁忙景象。

在产品设计部门，一名年轻的设计师正戴着AR眼镜工作。他身旁的虚拟空间中浮现着一个AI助手的全息形象，随时响应他的请求。设计师一边挥手调取产品的3D模型，一边对AI说："帮我把这部分零件的材料改为碳纤维，并重新计算结构应力。"AI助手瞬间完成指令，模型发生了变化，并提示："修改完毕。新结构在标准载荷下的应力降低了20%，满足安全系数要求。"设计师露出满意的笑容，让AI继续尝试不同色彩和纹理的外观设计。不一会儿，多种方案便展示在他眼前。他迅速挑选优化，又用人性化的眼光微调细节。最终方案凝结了人类的创意和AI的计算，完美平衡了美感与性能。

另一边的市场营销部门，一个营销团队正在筹备新品发布的宣传策略。团队里的文案策划小李，对着电脑说道："帮我起草一份面向25-30岁用户的广告文案，突出环保智能卖点，语气活泼。"他这是在跟AI文案助手对话。几秒钟后，屏幕上出现了一段清新的广告词。小李浏览后，提出几点修改意见，AI立即学习调整，版本越发贴近他的想法。最终出炉的广告文案读起来妙趣横生，富有感染力，同事们纷纷点赞。整个过程如果由人单独完成，可能要几天灵感迸发，而人机搭配却在几小时内搞定，效果还更胜一筹。

车间的生产线上，场景同样充满未来感。机器人手臂在流水线上精确地组装产品，而每几个机器人手臂由一名技术工人监管。这些工人不是传统意义上的体力工人，更像是"机器人驯兽师"：他们通过AI界面监控机器人状态，必要时远程纠正或调度。有一台机器人突然在拧紧螺丝时偏差了0.1毫米，系统立刻报警。监管工人收到通知，他的AI助手已经先一步分析了故障，给出两种解决方案：调整力矩参数或更换批次零件。工人判断后选择调整参数，几秒内机器人恢复正常工作。生产线几乎未曾停顿，人和AI共同保障了生产的连续与高质。

这样的日常在未来企业里比比皆是：销售员和AI一起分析客户心理，医生和AI一道诊断疑难杂症，老师和AI携手为不同学生定制教学方案……AI不再是冰冷的工具，而更像并肩作战的同事伙伴。而人类员工也因为有AI分担繁琐事务，能够投入更多精力在创造性、策略性工作上。工作变得更有成就感，产出也前所未有地高效。

正如这个场景演绎的那样，"AI-劳动力联盟"将成为未来劳动力的新范式。那时，我们衡量一个团队的实力，不仅看有多少人，更要看人+AI的整体战斗力。企业招聘简章上可能写着："我们提供每位员工一个AI助手，助你如虎添翼！"人机协作的默契将成为重要的竞争力。而那些善于与AI协同的人才，将炙手可热。可以说，这一场景既让人振奋，又给我们提出了新的课题：教育和培训体系需要革新，以培养新一代人与AI协作的能力；组织文化需要调整，以包容AI"员工"的存在并发挥其长处。最终目标是实现1+1>2的人机联盟效应，人类和AI一起，将生产力推上一个全新的高峰。

～

◆ 场景三：自治经济，AI构建生态

让我们再看一个更宏大的场景：AI如何重塑整个经济生态。2040年代中期，全球已经形成了多个由AI系统连接而成的自治商业网络。在这些网络里，企业之间的协作高度自动化，商业生态如同一台自我运转的机器，效率和可信度极高。

以全球食品供应链为例：过去，从农场到餐桌涉及农民、加工商、物流商、零售商等众多环节，中间充满信息不对称和繁杂手续。如今，一个AI驱动的食品供应自治生态解决了这些痛点。某餐饮公司需要采购有机牛油果，只需在系统中发布需求，AI智能合约平台会自动匹配最优供应方案：非洲肯尼亚的一家农场AI报价并出具品质证明（农场使用传感器和区块链记录了作物种植全过程，可追溯可信），接着一家航运无人机公司AI计算出最快空运路线报价，最后本地冷链物流AI提供末端配送服务报价。所有这些由不同地区、不同公司的AI模块协同完成，并在智能合约上生成一个多方协议，各环节按照约定标准完成自己的部分。一旦肯尼亚农场上传发货确认，付款智能合约即自动分账给所有服务方。期间若出现某环节延误，合约会按事先规则扣减相应款项，激励各方守信履约。整条供应链如同一个自适应系统，能够根据现实状况实时调整，既高效又透明。

在金融领域，也存在类似的AI自治生态。想象一个全球性的去中心化金融网络，企业在上面可以自动完成融资、保险、支付等活动。一家初创企业想贷款扩产，它的AI财务顾问先整理出详尽的经营数据和预测模型，发布到去中心化金融平台。全球成千上万投资者的AI代理会评估这家企业的信用和前景，自动决定是否出资及利率多少。一时间，无数碎片化的小额出资通过智能合约汇聚成一笔巨额贷款，直接打入企业账户。而企业也以未来收益的一定比例作为回报写入合约，保证投资者分享成果。整个过程没有银行审批，没有繁琐文书，一切由AI评判信用、撮合交易、执行合约。这就是AI构建的经济生态，让资本流动变得像网络包裹传输一样快速可靠。

更令人称奇的是，这些自治生态在很大程度上自行运转、自我进化。每个参与其中的AI模块会不断学习优化策略，整个生态就像一个有机生命体，不断适应外部环境。某一天，如果全球出现粮食短缺迹象，食品供应生态的AI们可能会联动提出解决方案：例如推荐更多农户切换高产作物，调整物流优先运力等等，以缓解危机。又或者在金融网络里，如果检测到系统性风险，AI代理们会自动收紧信用标准以防范崩溃。可以说，AI让经济系统具备了前所未有的自我调节能力，把"不确定性"降到最低。

这样的自治经济生态，也许正是人类长久以来追求的理想：市场能够高效运行又兼顾公平透明，中介成本降至最低，各参与者各尽其职而协和共生。当然，实现这一切并非易事，技术标准、数据安全、法律监管都需配套跟进。但从本质上看，AI构建生态的趋势已经势不可挡。我们正迈向一个时代——经济活动中机器与机器直接交流合作的程度将远超人与人。当算法成为信任的基石，代码即法律条文，经济生态或将进入"自动时代"。在那时，人类社会将收获巨大的效率红利，同时也必须确保自己始终是这些自治系统的主人和受益者，而非被抛在一边的看客。

人类与AI共创美好未来

当我们展望未来20年AI驱动的商业进化，不难发现一个核心：技术的飞跃最终指向人类生活方式和价值观的深刻转变。站在2045年的门槛，或许我们会问自己：在这个高度智能化、自动化的世界里，人类的角色是什么？企业肩负怎样的使命？我们的生活将朝着何种方向发展？

首先，人类的角色依然不可替代，只是重点有所转移。AI擅长的是计算、执行和模式识别，而真正独一无二的是人类的创造力、同理心和价值判断。当机械的工作逐渐交给AI，人类将从繁重重复的劳动中解放出来，投入更多时间精力去做AI无法做或不擅长的事情——比如原创性的设计和发明，复杂的战略规划，对他人的情感支持与关怀，以及哲学思考和审美创造。未来的我们，可能不再以每天忙碌多少小时为荣，而以创造出多少新点子、解决了多大社会难题为傲。"工作"的意义将被重新定义：它不只是谋生手段，更是实现自我价值和推动社会进步的途径。当AI承担了大部分生产力，我们完全有机会将人类劳动从"体力与技巧"为主，转向"智力与心力"为主。这将是一次前所未有的升级，让人类文明焕发新的光彩。

其次，企业的使命将超越利润本身，转向更宏大的社会责任。AI赋予企业巨大的力量，也伴随着等比例的责任。未来的超级公司，不仅是财富的创造机器，更应该成为社会问题的解决者和美好愿景的实践者。当AI让生产变得高效且廉价，企业理应拿出更多资源投向公益和可持续发展。在环境方面，利用AI优化能源使用、减少浪费，实现碳中和，将是不少领先企业的基本目标。在社会方面，企业应致力于通过AI普惠教育、医疗，帮助欠发达地区跨越数字鸿沟。企业还需参与制定AI伦理和行业规则，确保新技术使用符合人类长远利益。正如有人所言，"能力越大，责任越大"。AI时代的超级公司要有与其影响力相匹配的胸怀——在追逐商业成功的同时，做全球共同挑战的担当者和解决者。

最后，让我们描绘一幅未来生活的愿景。在AI的帮助下，人类可能迎来更美好的生活方式：很多危险、枯燥的职业由机器完成，人们有更多闲暇去陪伴家人、探索艺术和自然；个性化的AI顾问随侍左右，为我们的健康、学习、工作出谋划策，让每个人都能发挥潜能；智能城市井然有序又富有人情味，交通拥堵和污染大为缓解，老年人和残障人士通过AI

获得更多便利与关怀。可以想见，一个充满科技又洋溢温度的未来图景正向我们走来。在那里，AI不是冷冰冰的对立面，而是我们生活的亲密参与者——如同电力和互联网一般不可或缺，却又隐于背景、服务于人。

当然，这一切美好愿景的实现并非自动水到渠成，正如任何历史变革都伴随阵痛和考验。AI时代也将带来新的矛盾与问题：职业形态巨变中的就业挑战，数据隐私和算法偏见引发的伦理争议，人机关系的重新调整……这些都需要我们这一代人去直面和解决。而解决的关键仍然在于人。技术本身没有善恶之分，使用技术的人决定了它造福还是作恶。我们必须牢记，在这场AI革命中，人类始终应该握紧方向盘，用我们的智慧和良知引导AI朝正确方向发展。

二十年很长，也很短。长到足以发生无法预料的惊天动地变化，短到回首过去仿佛弹指一挥间。当你合上本书，也许心中对于未来依然有许多疑问和不安。但更希望的是，你能感到一丝振奋和希望。因为我们有幸处在这样一个变革的时代，可以亲手塑造历史的新篇章。让我们以勇气和远见拥抱AI，用创新和善意驾驭AI。相信在不远的将来，全球企业将携手合奏一曲合作共赢的新乐章，人类也将在AI的相伴下开创出前所未有的繁荣与文明！

结语

在本书的开篇，我们见到了一个孤独坚守的身影：一位曾经辉煌的创业者深夜独自坐在昏暗的办公室里，疲惫袭来却依然紧握信念，不让自己倒下。这样的孤独与坚持是许多人的写照；无数创业者和梦想家在漫漫长夜里默默守望着心中的火种，相信黎明终将到来。如今，当我们抵达全书的尾声，那一道黎明的微光已然出现在地平线。经过这一段变革之旅，你我不再是黑暗中孤军前行的旅人——我们共同见证了希望之火被点燃，也看到了AI与人性之光正在照亮前路。

回顾全书的逻辑脉络，我们一路见证了AI如何深刻改变企业的方方面面：从内部组织架构的重塑，到外部商业格局的重构；从颠覆性的商业模式崛起，到全球化2.0浪潮的席卷而来。每一章节都在勾勒未来企业的轮廓，让我们看清AI时代公司变革的宏伟图景。AI赋予小团队以往只有行业巨头才具备的能量，让"小公司"也能够拥有"超级公司"的能力；数字技术与全球平台则突破了地域的界限，使创业者以前所未有的低门槛触达世界各个角落。

AI重构了公司的组织与生产方式。过去那种层层级级的科层架构正在让位于更扁平、更灵活的人机协作网络，大模型等AI成为企业的智慧大脑，分析海量数据、提供决策建议，传统管理的边界被大大拓宽。如今每位员工都仿佛拥有一个不知疲倦的超级助手，"雇员数量论英雄"的时代已经成为过去。管理者的角色也随之转型：决策更加数据驱动，而领导艺术依旧倚赖激发人的创造力与热情。那些能够娴熟驾驭AI工具、又能给予团队温度与灵感的领袖，将引领未来的组织攀向新的高度。

我们同样深入探讨了全球化2.0时代的新格局。在AI和新生产模式的驱动下，企业的全球化路径被彻底重塑：过去那种追求低成本的大规模集中生产，正在让位于更加灵活分布的"全球+本地"战略。企业既利用全球通路又深耕本地市场，通过科技将两者融会贯通，在风云变幻中保持强韧而敏捷的竞争力。我们看到，跨国企业仿佛变成了遍布全球的有机体：各地团队自主协同，AI实时翻译和智能调度让天各一方的运营如同一体，地域与语言的障碍前所未有地被消弭。"全球协同、本地响应"的新范式正在形成，一个更加均衡、抗风险的全球化网络正在企业间铺展开来。

AI还催生了崭新的商业模式与市场机遇，本书展示了数字时代创业者如何借力跨境电商和社交媒体，以小团队之力撬动全球市场。哪怕只有几个人的小公司，也能通过亚马逊、eBay等平台将产品销往世界各地，配合全球物流和支付体系，低成本触达海外消费者。许多新兴品牌遵循"线上崛起 -> 社群运营 -> 本土化品牌"路径：先通过电商验证产品，继而运用社交媒体与核心用户互动，最终在海外建立本地化运营，实现长期发展。与此同时，全球资本的平台为企业插上腾飞的翅膀：来自新兴经济体的公司纷纷赴海外融资上市，既获取资金也提升国际声誉。可见在AI时代，成功的道路不止一条，每个敢于创新的人都可能谱写属于自己的传奇。

在探讨技术和商业变革的同时，我们也始终强调了人性与初心的重要性。正如书中所说，无论技术如何突飞猛进，冰冷的算法背后跳动的永远是人的情感与初心——是人类的创造力、同理心与善意赋予了机器以温度，让技术服务于更美好的生活。AI带来了前所未有的繁荣，但也拷问着每家公司的价值观：我们追求的究竟是财务报表上的数字，还是整个人类社会的福祉？因此，企业在拥抱AI、追逐成功的同时，更需要坚守道义与良知，勇敢承担起社会责任，确保科技的进步真正造福于人。唯有技术与人文交相辉映，我们才能走得长远而稳健。

最后，我想对你——亲爱的读者——发出由衷的邀请。AI时代属于勇于行动和实践的人。希望你不要止步于纸上的理论，而是将这些洞见化作脚下的力量，在真实世界中去开创和尝试。无论你是一名孤独奋战的创业者，还是一家大企业的管理者，抑或正怀抱梦想的青年学生，都期待你成为未来"超级公司"的创造者，用创新和坚持去改变世界。或许下一个时代的商业传奇，就将由此刻埋下的种子生根发芽。

面向未来二十年的征程，我们也许会遇到难以预料的挑战，但更应怀抱乐观与信心。AI引领的这场商业革命才刚刚拉开序幕，未来注定会涌现许多今日看来近乎天方夜谭的景象。正如OpenAI首席执行官萨姆·阿尔特曼所预言，不久之后我们或许会看到仅靠一名创业者或一个十人团队就能创造十亿美元价值的公司出现。这样的奇迹不再是幻想，而将成为时代的注脚。AI正在持续降低创新和创业的门槛，每个人都有机会乘着这股东风去开创一番事业。只要我们坚守信念，拥抱变化，持续学习与创新，就完全有理由相信：未来二十年的天空，没有我们到达不了的高度。

无论前路多么漫长曲折，只要我们心中怀有热望与坚持，就一定能迎来属于我们的曙光与收获。亲爱的朋友，让我们再一次鼓起勇气，扬帆起航，驶向更加广阔的未来——在那里，等待我们的将是属于这一代人的荣光与传奇！

www.ingramcontent.com/pod-product-compliance
Lightning Source LLC
Chambersburg PA
CBHW061253220326
41599CB00028B/5641